_____학교 ____학년 ____반 _____의 책이에요.

신나는 **교과 체험학습** 시리즈 이렇게 활용하세요!

'체험학습'이란 책에서나 수업 시간에 배운 지식을 실제 현장에서 직접 경험해 보는 공부 방법이에요. 단순히 전시된 물건을 관람하거나 공연을 보는 것이 아니라 학습을 하기 전에 미리 필요한 정보를 조사하는 것까지를 포함한 모든 활동을 의미해요. 어떻게 공부할 것인지를 준비하면 그렇지 않은 경우보다 훨씬 더 많은 것을 보고 느끼게 되겠지요. 이 책은 체험학습을 하려는 어린이들에게 좋은 길잡이 역할을 할 거예요.

❶ 가기 전에 읽어 보세요

이 책은 체험학습 현장을 어린이들이 쉽게 이해할 수 있도록 풀이한 안내서예요. 어린이들이 직접 체험학습 현장을 찾아가는 데 필요한 정보가 들어 있어요. 체험학습 현장을 가기 전에 꼼꼼히 읽어 보세요.

❷ 현장에서 비교해 보세요

화폐박물관에 가 보아요. 여러 가지 박물관이 있지만 화폐박물관은 우리와 밀접한 돈의 역사와 문화를 느낄 수 있어 흥미로울 거예요. 그러면 돈에 대한 생각도 많이 달라지는 새로운 경험을 할 수 있답니다.

❸ 스스로 활동해 보세요

이 시리즈는 단지 지식을 전달하기 위한 교양서가 아니에요. 어린이 여러분이 교과서로 수업 시간에 배운 내용을 실제 현장에서 직접 체험하며 익힐 수 있도록 다양한 활동 내용을 담았지요. 책 중간이나 뒷부분에 이해를 돕기 위한 활동이 있으니 꼭 스스로 정리해 보세요.

❹ 견학 후 활동이 다양해요

체험학습 후에는 반드시 견학 후 여러 가지 활동을 해 보세요. 보고서 쓰기, 신문 만들기, 그림 그리기 등을 통해 체험학습에서 보고 들은 내용을 다시 한번 정리하면 알찬 체험학습이 될 거예요.

신나는 교과 체험학습 ⑲

돈의 역사와 쓰임새를 배워요 화폐와 금융

초판 1쇄 발행 | 2008. 10. 17.
개정 3판 6쇄 발행 | 2023. 11. 10.

글 장광익 음인혜 | 그림 민재희

발행처 김영사 | **발행인** 고세규
등록번호 제 406-2003-036호 | **등록일자** 1979. 5. 17.
주소 경기도 파주시 문발로 197(우10881)
전화 마케팅부 031-955-3100 | 편집부 031-955-3113~20 | 팩스 031-955-3111

값은 표지에 있습니다.
ISBN 978-89-349-8534-1 64000
ISBN 978-89-349-8306-4 (세트)

좋은 독자가 좋은 책을 만듭니다. 김영사는 독자 여러분의 의견에 항상 귀 기울이고 있습니다.
전자우편 book@gimmyoung.com | 홈페이지 www.gimmyoungjr.com

어린이제품 안전특별법에 의한 표시사항
제품명 도서 제조년월일 2023년 11월 10일 제조사명 김영사 주소 10881 경기도 파주시 문발로 197
전화번호 031-955-3100 제조국명 대한민국 ⚠주의 책 모서리에 찍히거나 책장에 베이지 않게 조심하세요.

돈의 역사와 쓰임새를 배워요

화폐와 금융

글 장광익 음인혜 그림 민재회

주니어김영사

차례

〈화폐와 금융〉을 시작하기 전에

이 책에서 소개하는 장소는 근처에 사는 사람들도 잘 모르는 경우가 많아요. 여러 장소를 두루 소개하고 있어서 답사를 떠나기 전에 위치와 교통편을 정확히 알고 계획을 꼼꼼하게 세워 출발해야 해요. 그래야 현장에서 우왕좌왕하거나 당황하지 않아요.

화폐박물관

어린이 여러분이 재미있게 알 수 있도록 화폐 이야기, 우표 이야기를 모아 놓았어요. 얼마나 화폐에 대해 잘 알고 있는지 단계별로 문제를 풀며 '도전, 화폐 박사'에 도전해 보세요.
http://museum.komsco.com/

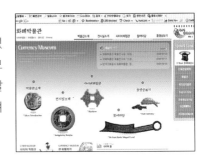

금융위원회 어린이 누리집

금융위원회는 우리 생활에 꼭 필요한 금융과 친숙해지고 잘 활용할 수 있게 여러 정책을 마련하고 펼치는 곳이에요. 이곳에서 금융을 재미있게 배우고 지혜롭게 활용하는 방법을 찾아보세요.
https://www.fsc.go.kr/kids/index

기획재정부 어린이 경제교실

기획재정부는 경제정책을 세우고 예산과 세금으로 우리나라의 살림을 책임지는 중앙행정기관입니다. 이곳을 통해서 경제에 관심을 갖고 재미있게 공부하해 보세요.
https://kids.moef.go.kr/

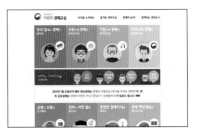

더 둘러볼 곳

화폐나라 http://coinnara.org
어린이국세청 http://kids.nts.go.kr/kid/main.do 등이 있어요.

돈은 꼭 필요한 친구

우리가 살아가는 데에는 많은 것이 필요해요. 그 중에는 흙이나 공기처럼 자연에서 얻어지는 것도 있지만, 옷이나 집처럼 만들어 내야 하는 것도 있지요. 이처럼 우리가 필요한 물건을 만들어 내는 일을 '생산 활동', 사는 일은 '소비 활동' 이라고 말해요. 우리가 생활하면서 일하고, 생산하고, 소비하고, 나누는 모든 활동을 '경제 활동' 이라고 하지요.

어른들이 일을 하는 것도, 여러분이 공책을 사는 것도 다 경제 활동이에요. 이렇게 경제 활동을 하는 데에는 꼭 필요한 게 있어요. 바로 '돈' 이지요. 우리가 물건을 사고파는 일도, 물건 값을 매기는 일도 돈이 있어야 해요. 그래서 돈은 친구처럼 우리 생활에 꼭 필요한 존재랍니다.

세상에는 돈이 많은 사람도 있고, 적은 사람도 있어요. 하지만 어느 쪽이 더 좋다고 말할 수는 없어요. 돈은 얼마만큼 가졌는지보다 얼마나 가치 있게 썼는지가 더 중요하니까요.

이제부터 펼쳐지는 여러 가지 돈 이야기를 잘 들어보세요.

돈이 있어야
아이스크림도 사먹지!

여행도
갈 수 있죠.

물가가 정말 올랐어.
더 아껴 써야지.

열심히 일해서
돈 많이 벌어야지!

화폐가 걸어온 길

여러분은 '돈' 하면 무엇이 떠오르나요?

아마 동전과 지폐를 생각하는 친구들이 많을 거예요.

하지만 처음부터 동전과 지폐 같은 돈이 있었던 건 아니랍니다.

옛날 사람들은 스스로 필요한 물건을 만들어 내거나

가지고 있는 물건을 서로 맞바꾸며 살았어요.

그러다 조금 더 편하게 주고받기 위해 돈을 만들어 발전시켜 왔지요.

돌멩이, 조개 껍데기, 깃털……

어떤 물건이든지 돈으로 쓰일 수 있었어요.

사람들이 그렇게 하기로 약속을 한다면 말이에요.

돈에는 사람들의 믿음과 약속이 담겨 있어요.

그래서 돈을 자세히 살펴보면 그 나라의 경제가

어떻게 발전해 왔는지 알 수 있어요.

이제부터 우리나라 돈의 변천사를 둘러볼 거예요.

고대의 물품 화폐에서 오늘날의 전자 화폐에 이르기까지

돈(화폐)의 역사를 만나러 가요.

돈의 역사?
돈에도 역사가 있다니
무척 궁금한걸?

돈, 제대로 알고 친해져요

돈
돈은 '화폐'라고도 해요. 동전을 뜻하는 주화의 '화'와 지폐의 '폐'를 붙여서 '화폐'라고 부르는 거예요.

엽전
예전에 사용하던 놋쇠로 만든 돈이에요. 둥글고 납작하며 가운데에 네모진 구멍이 있어요.

귀금속
생산되어 나오는 양이 적어 값이 비싼 금속으로, 금·은·백금 따위를 일컬어요.

주조
녹인 쇠붙이를 거푸집에 부어 물건을 만드는 것을 말해요.

우리가 물건을 살 때 지불하는 것을 돈이라고 해요. 그런데 사람들은 돈을 왜 돈이라고 했을까요? 돈을 '돈'이라고 부르는 데에는 여러 가지 이야기가 전해져요. 많은 사람의 손을 거쳐 돌고 돈다고 해서 '돈'이라는 설, 고려 말까지 돈을 의미했던 '도'에서 유래하였다는 설, 예전에 **엽전** 열 닢을 '한 돈'으로 부른 데에서 나왔다는 설, 약이나 **귀금속** 무게를 재는 단위인 '돈쭝'에서 나왔다는 설이 있지요.

영어로 돈을 뜻하는 단어는 '머니'예요. 이 말은 로마 신화에 나오는 최고의 여신 유노에서 유래했어요. 유노(그리스 신화의 헤라)는 신화에서 지진을 경고했다 하여 라틴 어로 '경고하는 여자'를 뜻하는 '모네타'라고도 불렸어요. 로마 사람들은 유노 여신의 신전에 **주조** 공장을 세우고 돈을 만들었는데, 그 뒤 모네타라는 말이 점점 변해서 머니가 되었지요. 그래서 지금도 프랑스에서는 동전을 '모

❀ 속담 속 돈 이야기 ❀

우리의 속담에는 돈에 관련된 것이 참 많아요. 돈은 그만큼 우리 생활에 중요한 것이었으니까요. 돈에 대한 철학이 제대로 서야 돈을 잘 사용할 수 있다는 것을 우리 조상들은 잘 알고 있었던 거예요.

· **돈에 침 뱉는 놈 없다**
  사람은 누구나 돈을 소중히 여긴다는 말이에요.

· **돈이 없으면 적막강산이요, 돈이 있으면 금수강산이라**
  경제적으로 넉넉해야 삶을 즐길 수 있음을 이르는 말이에요.

· **돈만 있으면 개도 멍첨지라**
  돈이 있으면 천한 사람도 귀하게 대접받는다는 말이에요.

· **남의 돈 천 냥이 내 돈 한 푼만 못하다**
  아무리 적고 보잘것없는 것이라도 자기가 직접 가진 것이 더 낫다는 말이에요.

· **쌀독에서 인심난다**
  돈이나 재물이 없으면 사람의 인심이 각박해진다는 말이에요.

· **황금 보기를 돌같이 하라**
  사람이 돈에 너무 신경쓰다 보면 큰일을 그르친다는 뜻으로, 지나치게 재물을 탐하지 말라는 말이에요. 고려 시대 최영 장군이 남긴 말이지요.

· **사람 나고 돈 났지 돈 나고 사람 났나**
  아무리 돈이 귀중하다 하여도 사람보다 더 귀중할 수는 없다는 뜻이에요. 돈밖에 모르는 사람을 비난하여 이르는 말이지요.

네', 이탈리아에서는 '모네타'라고 부른답니다.

왜 돈이 필요할까요?

우리는 물건을 살 때 돈을 사용하지요. 또한 어른들은 직장에서 일을 한 대가로 돈을 받고, 생활에 필요한 것들을 구입하는 데 돈을 써요. 돈은 물건의 **가치**를 비교하는 기준이 되거든요. 예를 들어 우리는 공책 한 권이 500원이고, 과자 하나가 천 원 정도인 것으로 알고 있어요. 돈이 없다면 이렇게 물건의 가치를 측정하는 게 어려워질 거예요.

돈은 가치를 저장하는 방법이기도 하지요. 우리는 돈으로 필요한 것을 사기도 하지만 나중을 위해 돈을 모아 두고 있을 수도 있어요. 돈은 변하거나 **유행**을 타지 않으니까요. 하지만 돈은 오직 다른 물건과 바꿀 수 있을 때에만 가치가 있어요. 돈이 아무리 많아도 쓰지 않는다면 종잇조각과 다르지 않을 테니까요.

고등어 한 마리 2,000원에 드릴게요.

가치
사물이 지니고 있는 쓸모를 말해요.

유행
특정한 양식이나 생각이 일시적으로 많은 사람들에게 퍼지는 것을 말해요.

여기서 **잠깐!**

이걸로 냉선을 얼마나 구울 수 있을까?

머니는 어디에서 유래됐을까?
돈을 영어로 머니라고 해요. 그 말은 어느 신의 이름에서 나온 말일까요?

① 아르테미스　　② 유노
③ 제우스　　④ 아폴론

☞ 정답은 56쪽에

무인도에서는 아무리 돈이 많아도 돈을 주고 물건을 살 수가 없어요. 이때 돈은 아무 쓸모가 없지요. 돈은 사용할 수가 없다면 종잇장에 불과한 것이랍니다.

7

돈의 변신 이야기

옛날 사람들은 필요한 것이 있으면 스스로 해결하는 자급자족 생활을 했어요. 배가 고프면 물고기를 잡거나, 나무 열매를 따서 배를 채우거나, 짐승의 가죽이나 풀로 엮은 옷을 만들어 추위로부터 몸을 보호했지요. 그러다가 사람들이 점점 모여 살고 농작물을 재배하기 시작하자, 남는 물품들을 서로 필요한 것과 바꾸어 사용하기 시작했답니다. 이것을 물물교환이라고 해요. 그런데 바꾸려는 사람들 사이에 원하는 물건이 일치하지 않을 때가 많고, 무거운 물건을 직접 들고 다녀야 해서 무척 불편했어요.

사람들은 점차 조개 껍데기, 곡식, 소금처럼 특정한 물품을 정해서 돈 대신 쓰기 시작했어요. 이것이 바로 물품 화폐예요. 처음에는 소금이나 쌀처럼 당시 모든 사람에게 꼭 필요한 물건의 값을 정해서 사용했지요. 하지만 소금은 비가 오면 녹아버리고, 곡물은 저장하기가 힘들어서 다른 방법을 찾아야 했어요. 결국, 단단하면서도 부피가 작은 구리나 쇠를 가지고 돈을 만들었답니다. 이것이 바로 금속 화폐예요. 그렇지만 일일이 저울에 달아 사용해야 하고, 가짜 화폐가 나왔을 때는 진짜와 구별하기 어려웠지요.

이런 문제점을 해결하기 위해 연구를 계속 했고, 사람들은 일정한 양의 금속을 녹여 주조 화폐를 만들었어요. 하지만 값비싼 **거래**를 할 때에는 동전을 한꺼번에 가지고 다녀야 했기 때문에 매우 번거로웠어요. 그래서 가벼운 지폐를 탄생시켰지요.

이렇게 돈은 날이 갈수록 **진화**를 거듭했어요. 요즘은 여러 장의

세계 최초의 금화, 일렉트럼

최초의 금화는 기원전 7세기경에 지금의 터키 지방에 살던 리디아인들이 발행했어요. 금과 은이 섞인 '일렉트럼'이라는 천연 합금으로 만들었는데, 지금처럼 일정한 크기를 지니고 발행한 기관 이름이 찍힌 최초의 동전이었지요. 주화 표면에는 여러 가지 동물 문양과 동전의 무늬가 새겨졌고, 문양에 따라 가치가 달랐어요. 이때부터 사람들은 동전에 새겨진 그림만 보고도 그 동전의 가치를 알 수 있게 되었답니다. 이러한 동전 제조 방법은 유럽을 비롯해 그리스와 로마에도 전파되어 서양 동전의 기본 꼴이 되었어요.

거래
어떤 것을 주고받거나 물건을 사고파는 것이에요.

진화
일이나 사물 같은 것들이 점점 발달하는 것을 말해요.

전자 화폐
실제 돈은 아니지만 컴퓨터 네트워크를 통하여 돈의 역할을 하는 화폐예요.

지폐를 대신하는 수표, 은행 예금이나 신용 카드, 인터넷을 이용한 **전자** 화폐가 늘고 있어요. 앞으로 우리를 더 편리하게 할 새로운 화폐의 등장을 기다려도 좋겠지요.

여기서
잠깐!

물물교환을 하면 왜 불편할까?
옛날 사람의 입장에서 물물교환을 하면 어떤 점이 불편할지 생각해 적어 보세요.

⬑정답은 56쪽에

신용 카드는 도깨비 방망이가 아니에요!
●●●●●●

신용 카드제는 돈 대신 카드만 내면 물건을 간단하게 살 수 있도록 하는 제도예요. 그래서 신용 카드를 사용하면 돈이 나가지 않는 것처럼 보이지요. 하지만 실제로는 신용 카드 회사나 은행으로부터 돈을 잠시 빌리는 거예요. 그래서 결제일 안에 신용 카드 회사나 은행에 돈을 갚아야 하지요. 만약 결제일 안에 돈을 갚지 않으면 매우 비싼 이자를 물어야 한답니다. 그러니까 지금 당장 돈을 내지 않는다고 해서 신용 카드를 계속 쓰다 보면 빚더미에 앉을 수도 있다는 걸 꼭 알아두세요.

❋ 화폐의 변천 ❋

옛날에는 화폐가 없어 물물교환을 했어요. 그러다가 금속 화폐를 만들어 사용하고 주화와 지폐, 신용 카드로 변화했지요.

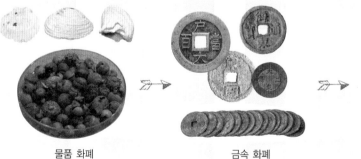

물품 화폐　　　　　　금속 화폐

지폐 · 수표

미래에는 어떤 돈을 쓰게 될까?
사람들이 돈을 사용하기 시작한 이후, 돈의 역할은 달라지지 않았지만 그 모습은 계속 변했어요. 아마 앞으로도 돈의 모습은 변할 거예요. 미래에는 과연 어떤 돈을 사용하게 될까요? 아마 우리가 전혀 생각지 못했던 방법이 쓰일 거예요. 100년 전 사람들이 오늘날 우리가 사용하는 신용 카드나 전자 화폐를 전혀 상상하지 못했던 것처럼 말이에요.

신용 카드 · 전자 화폐

옛날에는 어떤 화폐를 썼을까?

지금의 화폐가 되기까지 화폐는 어떻게 변화되고 발전되었을까요? 지금부터 재미있는 화폐의 역사에 대해 알아보아요.

기자조선
은나라가 망한 후 기자가 고조선에 망명하여 세웠다는 나라예요.

동옥저
중국에서 '옥저'를 다르게 부르던 말이에요. 고구려의 동쪽에 있다는 뜻이지요.

곡화, 미화, 포화
베, 곡식, 쌀을 뜻하는 한자(布 베 포, 穀 곡식 곡, 米 쌀 미)와 재물을 뜻하는 화(貨)가 붙은 말이에요.

출토
땅 속에 묻혀 있던 물건이 밖으로 나오거나 그것을 파낸다는 뜻이에요.

우리나라의 고대 화폐

고대에는 입거나 먹을 수 있는 물품이 돈으로 쓰였어요. 당시 금처럼 귀했던 소금을 비롯해 곡식, 장신구, 옷감, 조개 껍데기, 동물의 뼈 등이 쓰였지요. 기록에 따르면 우리나라에서는 기원전 957년에 기자조선에서 자모전이 쓰였어요. 기원전 109년에 마한에서 동전이 처음으로 주조되었고, 동옥저에서는 금은무문전이 사용되었지요. 그러나 삼국 시대까지는 쌀과 베로 만든 곡화, 미화, 포화가 더 널리 쓰였어요. 그래서 이 시기 화폐의 기록과 유물이 많이 전해지지는 않지요. 삼국 시대는 철로 만든 농기구 등을 사용해 농업생산력이 향상된 시기예요. 곡물과 직물 등의 교환 거래가 활발해졌지요. 일찍부터 화폐 제도가 발달한 중국에서 여러 가지 주화가 들어오기도 했어요. 고구려에서 금속류, 신라는 금은 세공품이 널리 사용되었을 것으로 알려져 있어요.

외국에서는 어떤 물품 화폐를 썼을까?

아프리카에서는 조가비 염주를, 남태평양의 피지에서는 고래 이빨을 화폐로 사용했어요. 또, 멕시코 사람들은 카카오 열매를, 티베트에서는 찻잎을 눌러서 벽돌처럼 만든 뒤 여러 문양을 새겨 화폐로 사용했다고 해요. 이렇게 사람들이 약속을 하면 고대에는 무엇이든 화폐로 쓰일 수 있었답니다.

여기서 잠깐!

화폐를 사용하기 전의 경제 수단
화폐가 있기 전까지는 물건과 물건을 서로 바꾸어서 필요한 것을 구하곤 했어요. 그것을 무엇이라고 하나요?

(   )

☞ 정답은 56쪽에

🌸 고대 화폐 🌸

고대에는 물품 화폐라는 것이 화폐를 대신했어요. 사람들이 귀하게 생각하거나 흔히 있는 물건을 사용했지요. 조개 껍데기나 쌀, 소금과 같은 것 말이에요. 이런 것들로 물건의 값을 정해 돈 대신 사용한 것이지요. 그럼, 고대 사람들은 어떤 것들로 화폐를 대신했는지 알아볼까요?

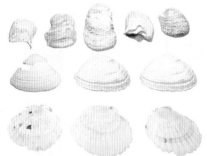

조개 껍데기
조개 껍데기는 화려하고 견고해서 기원전 3000년경부터 돈으로 쓰였어요. 그래서 돈과 관련한 한자말에 '조개 패'가 들어가 있지요.

볍씨와 도토리
곡물은 가장 대표적인 물품 화폐였어요. 나라에 내는 세금도 곡물로 많이 냈지요. 쌀을 주식으로 하는 우리 민족에게 볍씨는 중요한 교환 수단이었어요.

동양 화폐의 원조 '반냥'
기원전 3세기경 진시황제는 가운데 네모나게 구멍이 난 둥근 모양으로 화폐를 만들었어요. 둥근 원은 하늘을, 네모난 구멍은 땅을 상징하는 것이지요. 이는 이후 2천 년 동안 동양 화폐의 기본 꼴이 되었어요.

포전과 도전
지금까지 발견된 최초의 금속 화폐는 기원전 8~9세기경 농기구, 칼 등을 모방해서 만든 중국의 포전과 도전이에요. 우리나라 평안도 지방에서 당시의 명도전이 *출토되었지요.

포전   도전

포화(베)
삼베는 물물교환시 실물 화폐로 사용되었어요. 실물 화폐란 화폐로서의 기능을 수행하는 고유의 사용가치와 교환가치를 지니는 상품을 말해요.

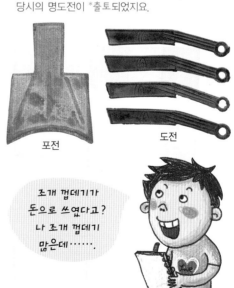

조개 껍데기가 돈으로 쓰였다고? 나 조개 껍데기 많은데……

고려 시대의 화폐

철·포 겸용책
철전과 포(베)를 같이 쓰기로 한 정책을 말해요.

은병
숙종 6년(1101)에 은 1근으로 우리나라 지형을 본떠서 만든 화폐예요.

쇄은
고려 시대에 쓰이던 은화의 하나예요.

와! 최초의 주화는 건원중보구나!

고려 시대에는 성종 15년(996)에 우리나라 최초의 주화인 건원중보가 만들어졌어요. 하지만 사람들 사이에서는 여전히 쌀과 포(베)가 교환 수단으로 널리 쓰였지요. 나라에서는 백성들로 하여금 금속 화폐를 쓰게 하려고 했지만, 사람들이 잘 사용하지 않았어요. 결국 목종 5년(1002)에는 **철·포 겸용책**으로 포화와 철전을 함께 쓰게 했지요.

그 뒤 100여 년이 지난 뒤 숙종 2년(1097)에는 화폐를 만들고 관리하는 주전관이 설치되었어요. 4년 후에는 **은병**이 처음으로 만들어졌고, 숙종 7년(1102)에는 해동통보가 발행되었지요. 충렬왕 13년(1287)에는 쪼개어 사용할 수 있는 **쇄은**도 쓰였어요. 하지만 이때까지도 동전과 은병 등의 화폐는 상류층에서만 쓰였어요. 사람들은 여전히 쌀과 포(베) 등의 물품 화폐를 주로 사용하였지요.

✿ 고려 시대 화폐 ✿

고려 시대부터 주화가 만들어지기 시작했어요. 둥근 모양에 가운데 네모난 구멍이 뚫려 있어요.

건원중보의 앞면(왼쪽)과 뒷면(오른쪽)
우리나라 최초의 철로 된 주화예요. 중국의 건원중보와 구별하려고 동전 뒷면에 '동국' 자를 넣어 우리나라 화폐임을 표시했어요.

해동통보
은병의 가치가 너무 컸기 때문에 실생활에서 쓸 수 있는 화폐로 해동통보를 주조했어요. 나라에서는 관리들의 녹봉을 해동통보로 지급하는 등 널리 쓰게 하려고 노력하였지요.

삼한통보
1102년에 주전도감에서 해동통보, 삼한통보, 삼한중보 등을 만들었어요. 이 중에 삼한통보가 제일 먼저 만들어졌지요.

삼한중보
만들어진 시기는 정확하지 않지만 숙종 때라고 추측하고 있어요. 각각 대형과 소형의 종류가 있어요.

동국중보
1910년대 초에 개성 부근 고려 시대 무덤에서 나왔어요. 한쪽 면에만 한자로 동국중보라고 새겨져 있어요.

조선 시대의 화폐

조선은 건국 당시부터 화폐를 널리 사용하게 하려고 많은 노력을 기울였어요. 태종 때에는 우리나라 최초의 지폐인 저화를 발행했고, 세종 5년(1423)에는 조선 시대 최초의 동전인 조선통보를 만들었어요. 2년 뒤에는 조선통보만 사용하도록 하였지요.

임진왜란 이후에는 상공업이 발달하고 교환 경제가 발달했어요. 숙종 4년(1678)에는 상평통보가 발행되었지요. 상평통보는 '누구나 일상생활에서 공평하게 쓸 수 있는 돈'이란 뜻을 갖고 있어요. 우리나라 화폐 중에서 전국적으로 쓰인 최초의 화폐였지요.

'땡전 한 푼 없다.'는 무슨 뜻일까?

흥선 대원군은 경복궁을 다시 지으면서 모자라는 돈을 채우려고 당백전을 많이 만들어 냈어요. 그런데 당시 당백전의 가치는 상평통보의 100배였어요. 그래서 당백전이 많아지자 물가가 크게 올라 백성들의 생활은 점점 어려워졌지요. 당시 사람들은 좋지 않은 감정을 드러내어 당백전을 '당전 땅전 땡전'으로 불렀답니다. 그러니까 '땡전 한 푼도 없다.'는 말은 돈이 하나도 없다는 뜻이지요.

❀ 조선 시대 화폐 ❀

조선 시대에는 '조선통보', '십전통보', '상평통보' 등 다양한 화폐가 발행되었어요.

상평통보
고종 때까지 약 200년 이상 3천여 종류가 발행되어 우리나라 법화(법으로 정해서 쓰이도록 한 화폐)로 썼지요.

조선통보
조선 시대 세종과 인조대에 법화로 주조하여 쓴 금속 화폐예요.

당백전
당백전은 흥선 대원군이 경복궁의 재건과 시급한 국방비 조달을 위해 주조했어요. 우리나라 최초의 고액전이었어요.

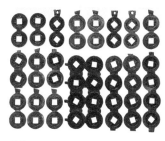

엽전
상평통보는 나뭇가지에 잎사귀가 매달린 모양의 형틀을 짜고 그 안에 쇳물을 부어 굳게 해 돈을 하나씩 떼서 만들었어요. 쇠가 굳어져 떼어 내기 전의 모습이 나뭇가지에 매달린 잎사귀 같다 하여 엽전이라 불렸지요.

근대 화폐는 어떻게 변화되었을까?

강화도 조약
요요호 사건을 계기로 조선 고종 13년(1876)에 조선과 일본 사이에 체결한 조약이에요. 군 사력을 동원한 일본의 강압에 의하여 맺어진 불평등 조약이었으며, 이 조약에 따라 당시 조선은 부산 외에 인천, 원산의 두 항구를 개항하게 되었어요.

은본위 제도
일정량의 은을 화폐 단위로 하는 화폐 제도를 말해요.

은행권
중앙은행에서 발행하여 현금으로 쓰는 지폐를 말해요.

외국의 개방 압력으로 1876년에는 **강화도 조약**이 체결되고, 조선의 문호가 개방되자 외국 돈이 들어오기 시작했지요. 이때 조선 정부는 전환국을 설립하고 은본위 제도 등 근대적인 화폐 제도를 채택하면서 우리 고유의 화폐 주권을 지키려고 했어요. 하지만 이러한 노력은 오래가지 못했어요. 새로 찍어 내는 우리 돈은 강대국들의 영향에 따라 글자가 바뀌고, 발행 주체가 바뀌는 등 나라의 운명과 같이 어려운 길을 걷게 되었답니다.

경성전환국에서 만든 최초의 신식 주화

정부는 독일에서 기계와 기술을 들여와 서울에 경성전환국을 설치하였어요. 1888년(고종 25)에는 이곳에서 1환 은화, 10문 적동화, 5문 적동화 등 3종을 만들었지요.

태극휘장 일 원 은화와 주화압인기
우리나라 최초의 상설 조폐기관 경성전환국에서 동전을 만들려고 들여온 주화압인기예요.

둥글다는 뜻의 순수 한글 이름 '원'

우리가 지금 쓰고 있는 화폐 단위는 '원'이지요. 왜 '원'일까요? '원'은 1962년 6월 제3차 통화조치 때 채택되었어요. 보조 단위는 '전'인데, 100전이 1원이에요. '전' 단위의 화폐는 발행이 중지되어 지금은 '원'만 쓰이지요. '원'은 순수한 한글 이름인데 옛 화폐 단위인 '환'이나 '원'에서 소리와 뜻을 가져온 것이에요. 모양이 둥근 데서 붙여진 이름이라고 할 수 있어요.

일본 제일은행권과 구한국은행권

1878년 부산에 지점을 낸 일본 제일은행은 점점 일본 화폐를 유통시키더니 우리나라 정부의 승인도 없이 제일은행권을 발행하여 거의 전국적으로 쓰이도록 했어요. 1910년에는 구한국은행을 설립하여 일 원권, 오 원권, 십 원권을 발행하였어요. 이때 화폐 단위를 제일은행권과 같이 '원(圓)'으로 바꾸고, 우리나라의 영어 표기도 'COREA'에서 'KOREA'로 고쳤어요.

이후 한일 병합이 되자, 일본은 구한국은행을 조선은행으로 개편하였어요. 조선은행은 백 원권을 시작으로 해방 전까지 총 18종의 화폐를 발행하였지요.

🔖 휘장
신분이나 직무, 명예를 나타내기 위해 옷이나 모자 등에 붙이는 표를 말해요.

일본 제일은행 십 원권

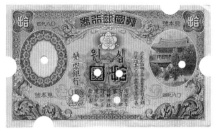
구한국은행 십 원권

한국은행의 설립

해방 이후, 정부는 화폐에 쓰인 일본어를 없애고 일본 정부의 휘장인 오동꽃을 무궁화로 교체하였어요. 그러다가 1950년 6월에 한국은행을 설립하였어요. 한국은행은 한국 전쟁 중 최초의 한국은행권을 발행하고, 화폐 단위를 '환'으로 결정하였어요. 하지만 이후, 1962년 6월 10일 순수 한글인 '원'으로 화폐 단위를 바꾸어 지금도 똑같이 사용하고 있지요. 만 원짜리 지폐는 경제 성장이 급속도로 이루어진 1970년대에 만들어졌어요. 그리고 1982년부터는 종이돈이었던 오백 원짜리는 동전으로 만들어져 이제는 잘 볼 수 없게 되었어요.

우리나라 화폐도 많은 변화가 있었구나!

백 환권

오백 원권

만 원권

역사 속 재미있는 화폐 이야기

화폐의 역사만큼 그 속에 숨어 있는 재미있는 이야기들이 많아요. 이야기들을 자세히 들여다 보면 그 나라의 역사와 문화가 함께 숨 쉬고 있어 흥미롭답니다.

1956년에 발행한 오백 환권
가운데 있던 이승만 대통령의 얼굴이 자꾸 찢어져 오른쪽으로 옮겨서 다시 만들었어요.

인물 위치가 바뀌었어요!

1956년에 나온 오백 환권에는 이승만 전 대통령의 초상이 돈의 한가운데에 그려져 있었어요. 그래서 지폐를 반으로 접으면 대통령의 얼굴이 구겨지고, 찢어지기도 했지요. 그것을 두고 당시 사람들 사이에서는 소문이 돌았어요. '독재자 이승만 대통령'을 욕되게 하려고 일부러 대통령 얼굴을 가운데에 그려 발행했다고요. 결국 1958년에 인물 위치를 오른쪽으로 바꿔 다시 만들어 냈지요.

돈에도 출생 번호가 있어요

우리나라 사람은 누구나 주민등록 번호를 가지고 있지요. 돈에도 한 장마다 출생 순번을 기준으로 하는 고유 번호가 있답니다. 은행권에 붙이는 고유 번호를 기번호라고 하는데 기번호는 기호와 번호로 되어 있어요. 만 원짜리 한 장을 펴 보세요. 앞면의 왼쪽 위와 오른쪽 아래에 '1022335 차나나'라고 쓰여 있는 걸 볼 수 있을 거예요. 그것이 바로 기번호지요. 기번호를 넣는 이유는 몇 장을 만들었는지 편하게 알 수 있게 하기 위해서뿐만 아니라 위변조를 막는 데도 쓸모가 있기 때문이랍니다.

화폐에 일반인이 그려졌다고요?

돈에는 그 나라를 대표하는 위인이 주로 그려져요. 그런데 우리나라 지폐에 일반인을

모자상이 그려진 백 환권

그린 적이 있었다는 걸 알고 있나요? 1962년 5월 16일에 발행한 백 환권 지폐에는 한복을 입은 어머니와 아들이 그려져 있었어요. 국민들에게 저축을 장려하기 위해 친근한 일반인을 등장시켜 돈을 만든 거예요. 그러나 이 화폐는 얼마 쓰이지 못했어요. 20여 일 뒤 제3

차 통화 조치로 새로운 화폐가 나오면서 사라졌어요. 우리나라 화폐 중 가장 짧은 기간 동안 쓰인 돈으로 알려져 있어요.

율곡 이이 초상의 변천
예전의 오뚝했던 코를 고쳐 인자한 얼굴이 되었어요.

얼굴이 달라졌어요

1972년에 처음 발행된 오천 원권 속 율곡 이이는 코가 오뚝하고 눈매도 날카로워서 마치 서양사람 얼굴 같아 보였어요. 그래서 당시 국민들의 **원성**을 많이 들었답니다. 그때는 우리나라 화폐 제조 기술이 지금처럼 발달하지 않았어요. 그래서 은행권의 원판을 만들려면 다른 나라의 도움을 받아야 했지요. 이 지폐도 영국의 토머스 데라루 사에 부탁해서 만든 것이었어요. 외국에서 만들다 보니 자연스럽게 외국인처럼 얼굴을 그린 거예요. 결국 1977년에 율곡 이이의 얼굴을 고쳐서 오천 원권을 다시 발행하였지요.

벼이삭을 그렸어요

벼 이삭을 도안해 넣은 오십 원짜리 동전
오십 원짜리 동전에 벼이삭을 그려 넣어서 좋은 평가를 받았어요.

우리나라의 지폐에는 아직 지폐에 식물을 그려 넣은 적은 없어요. 주화에만 두루미, 벼이삭, 무궁화가 들어 있지요. 두루미는 **천연기념물**로 지정된 겨울 철새라 채택되었고, 벼이삭은 풍년을 상징하는 마음으로 그려 넣었지요. **유엔 식량농업기구**가 우리나라의 주식인 쌀을 주제로 하여 벼이삭과 잎을 사실적으로 도안하여 제조한 오십 원짜리 주화를 보고 깊은 **호감**을 나타냈다고 해요.

원성
원망하는 소리를 말해요.

천연기념물
자연 가운데 학술적, 자연사적, 지리학적으로 중요하거나 그것이 가진 특성 때문에 보호가 필요하여 법률로 규정한 창조물이나 현상을 말해요.

유엔 식량농업기구
개발도상국의 기근과 빈곤을 없애기 위해서 설립된 국제연합 전문기구예요.

호감
좋게 생각하는 감정을 말해요.

한 번 돈이면 영원한 돈

우리가 지금 쓰고 있는 화폐는 몇 가지 종류일까요? 천 원, 오천 원, 만 원, 오만 원짜리 지폐 4종, 일 원, 오 원, 십 원, 오십 원, 백 원, 오백 원짜리 동전 6종 모두 10종이라고 생각할 거예요. 그런데 우리가 지금 쓸 수 있는 화폐는 이보다 훨씬 많아요. 그 이유는 계속 디자인이나 크기 등이 바뀌기 때문이에요. 기술이 발전해서 새로 화폐를 만들어 낸다고 그 전에 있던 화폐들이 종잇장이 되는 건 아니에요. 그 전에 쓰던 돈들도 모두 사용할 수 있어요. 지금 우리가 쓸 수 있는 화폐는 모두 106가지나 되어요. 은행권이 23종, 일반 주화가 14종, 기념주화가 69종이랍니다.

신기하게 생긴
별전들 좀 봐!

아름다운 돈, 별전

별전은 조선 시대에 상평통보를 만드는 곳에서 구리의 순도와 무게를 확인하려고 만드는 '시주화'에서 비롯되었어요. 시주화는 돈을 만들기 전에 시험 삼아 만드는 동전을 말해요. 사람들은 이것을 특별히 만든 별난 돈이라 하여 '별전'이라 이름 붙였지요. 별전에는 소망을 기원하는 글귀나 좋은 뜻을 담은 상징이 새겨졌어요. 보기에도 멋스럽고 아름다워서 주로 왕실과 상류층 사람들 사이에서 기념품이나 장식품으로 쓰였답니다.

별전은 크게 주화식과 변형식으로 구분해요. 주화식 별전은 상평통보와 비슷하게 생겼어요. 둥글고 넓적한 모양에 가운데에 네모난 구멍이 있는 것과 구멍이 없이 글자가 적혀 있는 게 있지요. 변형식 별전은 주화식보다 훨씬 모양이 다양해요. 여러 동물과 식물을 비롯해 기하학적인 문양이 새겨진 것도 있어요. 그래서 주화식 별전보다 예술적인 가치를 더 높게 평가받아요.

우리나라에는 약 400여 종의 별전이 있어요. 각 별전마다 우리나라 고유의 아름다움이 담겨 있지요. 특히 열쇠패는 세계 어디서도 찾아볼 수 없는 진귀한 별전으로 옛날 대갓집에서는 시집가는 딸에게 열쇠패를 딸려 보냈어요. 여기에는 화목한 가정을 이루고 살기를 바라는 부모님의 마음이 담겨 있지요. 각기 다른 모양의 별전에 어떤 소망이 담겨 있는지 떠올려 보면서 아름다운 별전을 감상해 보세요.

단선형 열쇠패
조선 후기에 만들어진 열쇠패예요. 둥근 모양 안에 번개무늬처럼 생긴 무늬를 돌려가며 새겨 넣었어요.

주화식 별전

고려, 조선 시대 엽전을 만들던 주전소에서 군왕의 송축, 백성들의 오복기원, 생활의 교훈 등을 문자와 그림으로 표현하여 만든 일종의 기념주화예요.

길어별전(효제충신)

길어별전(홍범오복)

투조별전(어약 배 용문)

변형식 별전

변형식 별전은 무늬나 그림을 돋우어 조각한 것이에요. 단면으로 보면 돌출된 부분이 보인답니다. 기하학적인 무늬부터 동물, 식물 문양까지 다양하게 있어요.

서운길상 부채전

동물문 별전

상평통보 별전

실패형 별전

관음상 별전

어문 별전

화폐와 문화

우리는 앞에서 옛날 사람들은 어떤 돈을 사용했는지,
우리나라 돈의 변천사는 어떻게 이루어져 왔는지 알아보았어요.
이 장에서는 우리가 쓰는 돈에 얽힌 재미있는
이야기들을 알아 볼 거예요.
우리의 생활에 없어서는 안 되는 소중한 돈!
돈이 그 나라의 역사를 알려 주는 발자취이며,
문화·전통을 알리는 예술품 역할을 하는 것을 알고 있나요?
그래서 돈을 일컬어 '그 나라의 얼굴'이라고도 하지요.
주머니에 있는 돈을 꺼내 꼼꼼히 살펴보세요.
어떤 글자가 적혀 있는지, 무슨 그림이 그려졌는지,
하나하나 자세히 살펴보면 어느 새 돈과 더욱 친해져 있을 거예요.

돈은 그냥 만들어지는 게 아니라고!

그렇지, 돈에는 그 나라의 역사와 문화가 담겨 있지!

돈을 발행하는 한국은행

각 나라에서는 돈을 발행하는 중앙은행을 두어 그곳에서만 돈을 발행하도록 하고 있어요. 그렇다면 우리나라의 중앙은행은 어디일까요?

돈을 자세히 살펴보면 '한국은행'이라는 글자가 찍혀 있어요. 우리나라의 중앙은행, 즉 돈을 발행하는 곳이 한국은행이라는 표시지요. 한국은행은 돈의 도안과 규격을 정하고 얼마나 만들어 낼지를 결정하는 일을 해요. 그렇다고 한국은행이 돈을 만드는 공장은 아니에요. 돈을 직접 만드는 일은 한국조폐공사에서 하지요.

한국은행에서는 새로운 화폐를 발행하기 전에 국민들과 전문가들의 의견을 듣고 화폐의 도안과 규격을 정해요. 이어서 정부 승인과 **금융통화위원회**의 의결 과정을 거쳐 새 화폐의 모습을 최종 확정하지요. 이를 기초로 하여 한국조폐공사에서는 실제 화폐를 만드는데, 새 화폐가 만들어지기까지는 1년 6개월 이상의 기간이 걸린다고 해요. 이처럼 여러 준비 과정을 거쳐 탄생하는 화폐는 미적인 감각과 정교한 인쇄술이 빚어낸 종합예술품이라고 할 수 있겠지요.

중앙은행
한 나라의 금융과 통화 정책의 주체가 되는 은행이에요. 돈을 발행하고 국고의 출납을 다루며 금융 정책을 시행하지요.

금융통화위원회
통화신용정책의 수립 및 한국은행의 운영에 관한 주요사항을 결정하는 정책결정기구예요.

발권
지폐 또는 돈이나 물건과 교환할 수 있는 종이로 된 증서를 발행하는 일을 말해요.

한국은행은 또 어떤 일을 할까요?

한국은행은 돈을 발행하는 일 외에도 전체 돈의 양과 흐름을 조절하는 일을 해요. 이를 위해 알맞은 양의 돈을 만들도록 하고, 은행 간 거래에 이용되는 이자율을 조절하지요. 다른 은행이나 정부에서 돈이 부족하면 빌려주기도 하는데, 그래서 한국은행을 '은행의 은행' 또는 '정부의 은행'이라 한답니다. 이렇게 나라의 돈을 관리, 감독하는 한국은행은 우리나라 금융의 중요한 역할을 하는 곳이에요.

여기서 잠깐!

한국은행이 하는 일
한국은행에서 하지 않는 일은 무엇일까요?

① 돈을 발행하는 일
② 돈을 만드는 일
③ 돈의 모양을 결정하는 일
④ 돈을 얼마나 만들어 낼지 결정하는 일

정답은 56쪽에

돈이 만들어졌다고 해도 바로 돈이 쓰이는 것은 아니에요. 한국은행 **발권창구**를 통해 시중에 유통이 되어야만 비로소 돈으로서 가치를 인정받고 쓰이게 되지요. 이와 같은 과정을 거쳐 한국조폐공사에서 만들어진 돈은 한국은행 금고로 모두 옮겨져 보관되어요. 그리고 우리가 이용하는 은행에 전달되고, 은행을 통해 우리 손에 들어오게 된답니다.

우리나라의 뛰어난 화폐 기술력!

우리가 20여 년 동안 써온 십 원짜리 동전은 한 개를 만들려면 40원이나 들었어요. 이 동전은 구리와 아연을 섞어서 만드는데, 구리와 아연 값이 계속 올랐거든요. 그래서 2006년 12월에는 크기가 작고 가벼운 새 동전을 만들었답니다. 새 동전은 알루미늄에 구리를 씌워 만들어서 만드는 비용을 훨씬 절약할 수 있다고 해요.

아연과 구리를 섞어 만든
기존의 십 원짜리 주화

새로 만든 십 원짜리
주화

❈ 돈은 무엇으로 만들까? ❈

지폐는 무엇으로 만들까요? 그리고 주화는요? 지폐는 보통 종이 돈이라고 부르지만 우리가 쓰는 종이로 만들지는 않아요. 솜으로 만들지요. 정교한 인쇄를 할 수 있어야 하고 여러 사람이 사용하더라도 땀이나 물기에 쉽게 해지지 않아야 하기 때문이에요. 또 주화는 구리, 니켈, 알루미늄 등으로 만들어요. 섞어서 만들기도 하고 값이 싼 알루미늄만으로 만들기도 하지요. 이렇게 구리가 전혀 들어가지 않은 주화의 경우 엄격히 말하면 동전이라고 부를 수 없는 것이지요.

지폐의 원료
지폐는 솜으로 만들어요.

❈ 돈이 우리 손에 오기까지 ❈

한국조폐공사에서 돈을 만들면 한국은행에서는 그 돈을 밖으로 내 보내요. 한국은행을 통해 밖으로 나간 돈은 이 사람 손에서 저 사람 손으로 옮겨 가면서 쓰이지요.

제작
한국조폐공사에서 인쇄기로 지폐를 찍어내고 있어요.

보관과 지급
한국은행에서 화폐를 보관했다가 여러 군데의 은행으로 보내주지요.

시중은행에서의 지급
은행으로 보내진 돈은 사람들 손에 보내진답니다.

화폐의 위·변조를 막아라!

화폐 위조는 우리가 지폐를 사용하면서부터 나타나기 시작한 일이에요. 오늘날에는 복사 기술과 인쇄술이 발달해 위조 방지를 위한 노력이 더욱 중요하게 되었지요. 한국은행은 은화 및 은선을 삽입하고 **미세 문자** 및 앞뒤 판 맞춤인쇄, 특수인쇄 잉크를 사용하는 등 고도의 기술을 개발하여 위조와 변조를 막고자 애쓰고 있어요. 우리나라 돈에는 어떤 위·변조 방지 장치가 있는지 함께 알아보아요.

미세 문자
금액을 표시한 부분의 옆을 확대경을 통하여 자세히 보면 미세한 글씨들이 인쇄되어 있는 것을 말해요.

화폐의 다양한 위·변조 방지 장치

❶ **돌출 은화**
숨은 그림 옆에 희미하게 숫자 10000이 있어요. 눈으로도 확인할 수 있고 약간 도드라져 보이지요.

❷ **숨은 막대**
가운데를 빛에 비춰 보면 표면에 가로로 된 밝은 색의 굵은 막대 2개가 나타나요. 용지의 얇은 부분과 두꺼운 부분의 명암 차이를 이용한 것이지요.

❸ **숨은 은선**
초상 오른쪽에 보이는 띠를 빛에 비춰 보면 작은 문자가 보여요. 용지의 내부 층에 세로 방향으로 얇은 플라스틱 필름 띠를 넣어 만든 것이에요.

❹ **숨은 그림**
빛에 비춰 보면 숨어 있는 세종 대왕이 보여요. 왼쪽과 오른쪽이 바뀌어 있는 모습이에요. 용지의 얇은 부분과 두꺼운 부분의 명암 차이를 이용해 만든 그림이에요.

❺ **홀로그램**
방향을 바꿔 가면서 보면 지도, 액면 숫자와 태극, 4괘를 번갈아 볼 수 있어요. 보는 방향에 따라서 무늬와 색깔이 바뀌는 얇은 특수 필름을 이용한 것이지요.

❻ **요판 잠상**
비스듬히 기울여 보면 숨겨져 있던 문자 'WON'이 보여요. 볼록 인쇄 방식을 이용한 것이에요.

❼ **미세 문자**
확대경을 사용해서 보면 세종 대왕 초상의 옷깃, 혼천의 가운데, 해, 문살 등에서 글자들을 확인할 수 있어요. 또 한글 자모음, 10000 또는 BANK OF KOREA라는 문자가 아주 작게 새겨져 있어 컬러 프린터 등으로 위조할 경우에는 선이나 점으로만 나타나지요.

화폐 위조는 꿈도 꿀 수 없을걸?

❽ 앞뒤 판 맞춤
숨은 그림 옆 위쪽의 동그라미 무늬를 빛에 비춰 보면 태극 무늬가 보여요. 앞면과 뒷면에 모양을 나눠서 인쇄한 것이에요.

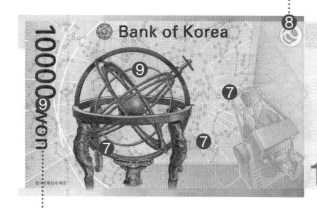

보 기

❾ 볼록 인쇄
앞면의 세종 대왕 초상, 문자와 숫자, 뒷면의 혼천의 문자와 숫자는 만져 보면 오톨도톨해요. 볼록 인쇄를 했기 때문이에요.

❿ 색 변환 잉크
보는 각도에 따라 액수를 나타내는 숫자의 색깔이 황금색에서 녹색으로 변해요. 빛에 대한 반사 성질이 다른 물질을 섞어서 만든 특수 잉크를 사용했기 때문이에요.

화폐 제작에는 최첨단 기술들이 모여 있어.

여기서 잠깐!

위조지폐 방지 장치를 찾아라!

다음은 만 원짜리 지폐에 사용된 위조지폐 방지에 대한 설명이에요. 맞는 것만 골라서 ○표 하세요.

① 돌출 은화
② 동그라미 점자
③ 볼록 인쇄
④ 색 변환 잉크
⑤ 볼록 막대
⑥ 미세 초상

정답은 56쪽에

동전에도 위·변조 장치가 있나요?

17~18세기에는 동전을 대부분 금이나 은으로 만들었어요. 그래서 주화 옆면을 몰래 깎아 내어 이득을 챙기려는 사람들이 있었지요. 이를 막기 위해 아이작 뉴턴은 동전 테두리에 톱니무늬를 새기는 방법을 고안해 냈어요. 동전을 조금만 깎아내도 표가 나니까 그런 수법은 곧 사라지게 되었지요. 요즘에는 금이나 은으로 동전을 만들지 않으니 테두리를 깎아내는 일은 없어요. 하지만 동전에 다양한 멋을 주기 위해 테두리에 문자나 무늬를 계속 새기고 있답니다. 우리나라 오백 원짜리는 120개, 백 원짜리는 110개, 오십 원짜리는 109개의 무늬가 있지요.

돈도 수명이 있어요!

여러분 중에 돈을 꼬깃꼬깃 접어서 다니는 친구가 있나요? 돈에 낙서를 하거나 구멍을 내는 친구는요? 만약 그렇다면 앞으로는 삼가도록 해요. 이런 행동이 소중한 돈의 수명을 줄인답니다. 돈에 웬수명이냐고요? 사람에게 **수명**이 있듯이 돈에게도 수명이 있어요. 돈의 수명은 나라마다 다르고, 쓰는 사람에 따라 다르지요. 지폐를 가지고 접었다 펴는 것을 견디는 정도를 보면, 우리나라 지폐가 5천 회, 미국 달러가 4천 회, 일본 엔은 1천500회 정도예요. 다른 나라에 비해 우리나라 지폐가 튼튼하다고 할 수 있어요. 하지만 우리가 돈을 험하게 다루어서 실제로 사용되는 화폐의 수명은 매우 짧

수명
원래는 생물이 살아 있는 햇수나 물건을 사용할 수 있는 기간을 말하지요. 여기서는 화폐를 사용할 수 있는 기간을 말해요.

❀ 돈은 무엇으로 만들까? ❀

화폐는 한국조폐공사에서 태어나서 사람들의 손을 거치면서 이렇게 저렇게 사용되다가 찢어지거나 심하게 더러워지면 한국은행으로 돌아와서 일생을 마쳐요. 잘게 부수어져서 폐기되지요. 그 다음에는 건물 바닥재나 차량용 방진재로 다시 태어나지요.

새 화폐로 태어나 사람들에게 쓰여요.

손상된 화폐를 거둬들여요.

폐기할 화폐에 구멍을 뚫어 표시해요.

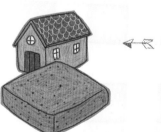

화폐 폐기물을 이용해 건물 바닥재나 차량용 방진재를 만들어요.

잘게 부순 것을 모아 봉 모양으로 만들어요.

잘게 부수어요.

지요. 실제로 우리나라의 1만 원짜리 지폐의 수명은 4년이 조금 넘고 오천 원과 천 원짜리 지폐의 수명은 2년 정도밖에 되지 않는대요.

돈은 한국은행에서 만들어져서 돌고 돌다가 다시 한국은행으로 돌아오는 순환과정을 거쳐요. 한국은행에 다시 들어온 돈은 오염되고 손상된 정도에 따라 사용 화폐와 손상 화폐로 나뉘지요. 이때 사용 화폐는 계속 쓸 수 있는 돈이고, 손상 화폐는 더 이상 쓸 수 없는 돈이에요. 일단 손상 화폐로 결정되면 잘게 부수어서 폐기하지요. 이렇게 폐기된 돈은 건물 바닥재나 방진재같이 필요한 물건으로 다시 태어난답니다.

우리나라에서 한 해 동안 폐기되는 돈은 5톤 트럭으로 약 500대 분량이나 되어요. 돈을 없애는 데에도, 새로 만드는 데에도 돈이 많이 들어요. 이렇게 버려지는 돈을 새로 만들려면 매년 1천억 원 정도가 들지요. 우리가 나라 경제를 위한다면 돈을 깨끗이 쓰는 습관을 길러야 해요.

돼지 저금통의 유래

우리가 동전을 모을 때 흔히 이용하는 돼지 저금통은 역사가 꽤 오래된 물건이에요. 옛날에 영국에서는 단지를 만들 때 붉은색 진흙으로 만들었는데 그 붉은색 진흙을 피그(pygg)라고 불렀어요. 돼지를 가리키는 영어인 피그(pig)와 발음이 같았지요. 영국 사람들은 오랫동안 이 진흙으로 만든 단지에 동전을 모았어요. 그런데 어느 날 한 도공이 단지를 만들면서 돼지 모양으로 만들기 시작했어요. 이것이 돼지 저금통의 기원이 되었어요.

순환
주기적으로 되풀이하여 도는 것을 말해요.

오염
더럽게 물들었다는 뜻이에요.

폐기
못쓰게 된 것들을 버리는 일을 뜻해요.

바닥재
건물의 바닥에 쓰는 건축 재료를 말해요.

방진재
건축물에서 진동이 전달되는 것을 막는 재료를 말해요.

돈을 깨끗이 쓰려면 지갑에 넣어야 해!

여기서 잠깐!

돈의 순환 과정

더러워져 못쓰게 된 돈은 어떻게 될까요?
맞는 말에 ○표 하세요.

① 그냥 쓴다.
② 다시 깨끗하게 만들어서 쓴다.
③ 잘게 부수어서 건물 바닥재나 방진재를 만든다.
④ 그냥 버린다.

정답은 56쪽에

나라마다 돈이 달라요

우리나라의 화폐 단위는 '원'이에요. 미국은 '달러', 일본은 '엔', 중국은 '위안', 영국은 '파운드'를 쓰지요. 이렇게 나라마다 화폐 단위가 다 달라요. 이렇게 가치가 다른 두 나라 돈을 바꿀 때 비율을 '환율'이라고 한답니다. 환율은 외환 시장의 **수요**와 **공급**에 따라 오르고 내려요. 환율이 올랐다는 말은, 예를 들어 1달러당 1,000원하던 환율이 1,100원으로 올랐다는 뜻이지요. 환율이 오르면 어떻게 될까요? 우리나라 돈의 가치가 떨어지니까 우리나라 물건을 외국에 수출하는 기업은 이익을 얻어요. 하지만 다른 나라 물건을 수입하는 기업은 더 많은 돈을 들여야 하니까 손해를 볼 거예요. 외국에서 원료를 들여오는 물건 가격이 올라가고, 외국 유학을 준비하는 사람들도 유학 비용이 많이 들어서 힘들어지겠지요.

이렇게 환율이 오르면 우리나라 돈의 가치가 떨어졌다는 의미로 원화가 절하되었다고 말해요. 반대로 환율이 내리면 우리나라 돈의 가치가 올라가니까 원화가 절상되었다고 하지요.

수요
어떤 것을 사려고 하는 욕구를 말해요.

공급
사려고 하는 사람에게 물품을 제공하는 것을 말해요.

> 중국은 위안, 미국은 달러, 영국은 파운드! 나라마다 화폐의 단위가 이렇게 다르구나!

세계의 화폐와 단위

영국 - 파운드
러시아 - 리라
대한민국 - 원
캐나다 - 달러
유럽 연합 - 유로
일본 - 엔
중국 - 위안
미국 - 달러
사우디아라비아 - 리알
필리핀 - 페소
베트남 - 동
남아프리카공화국 - 랜드
호주 - 달러
브라질 - 페소

세계의 화폐 단위
각 나라마다 고유의 화폐 단위가 있어요.

달러화와 유로화

미국의 달러화는 미국뿐 아니라 세계 어디에서나 쓰여요. 이렇게 세계적으로 널리 쓰일 수 있게 가치를 인정받는 돈을 '국제 통화'라고 해요. 미국의 달러화는 대표적인 국제 통화이지요. 그런데 2002년부터 '유로화'가 사용됨에 따라 달러화의 자리가 위협받고 있어요. 요즘에는 많은 나라들이 달러화 대신 유로화를 사용하고 있거든요. 미국에게는 좋지 않은 상황이지요. 달러화를 유로화로 바꾸면서 미국 경제에 안 좋은 영향을 미치게 될 테니까요. 앞으로 더욱 치열해질 달러화와 유로화의 대결을 주목해 보아요.

여기서 잠깐!

어느 나라 돈일까?

다음은 어느 나라의 화폐 단위를 기호로 나타낸 것인지 고르세요.

元
① 일본 　② 중국
③ 영국 　④ 미국

↳ 정답은 56쪽에

유로화를 쓰는 나라는?

유로화는 현재 유럽의 23개 나라들이 함께 쓰고 있는 돈을 말해요. 이 나라들은 오스트리아, 벨기에, 키프로스, 핀란드, 프랑스, 독일, 그리스, 아일랜드, 이탈리아, 룩셈부르크, 몰타, 네덜란드, 포르투갈, 슬로베니아, 스페인 등이며, 이 나라들을 통틀어 유로존이라고 해요. 이곳들을 여행할 때는 은행에서 따로 돈을 바꾸지 않아도 되고, 나라 간의 무역을 할 때도 환율을 따로 계산할 필요가 없지요.

✿ 유로화에 관하여 ✿

현재 유럽의 15개 나라들은 자기 나라 돈을 없애고 유로화를 만들어 쓰고 있어요.

€

국제표준화기구에 등록된 공식약자는 EUR이에요. E는 유럽(Europe)의 첫 글자를 딴 거예요. 여기에 일반적인 화폐 단위 표기로 널리 쓰이는 2개의 수평선을 넣은 것이지요.

유로화는 나라 간의 결속력을 강화하기 위해 고대부터 현대에 이르는 건축 양식을 도안으로 사용했어요.

동전의 앞면은 유로존 회원국이 모두 같아요.

프랑스

이탈리아

그리스

뒷면은 각국의 개성을 존중하기 위해 나라마다 다르게 만들었지요.

세계의 얼굴, 세계의 화폐

고유
본래부터 가지고 있던 특별한 것을 말해요.

창작품
처음으로 만들어낸 물건이나 예술작품을 말해요.

도안
미술 작품을 만들 때 모양이나 색채 등을 연구하여 그것을 그림으로 나타낸 것이에요.

서명
자기의 이름을 써 넣는 것을 말해요.

지구에 수많은 나라가 있듯이 세계에는 수많은 종류의 돈이 있어요. 나라마다 돈에 그리는 그림도 다르고 때로는 재료도 다르지요. 특히 지폐에 그려진 그림은 각 나라의 문화를 나타내기 때문에 그 나라를 나타내는 예술품이자 그 나라의 얼굴이라고 할 수 있어요. 각 나라 고유의 역사, 예술, 정치, 과학의 특징을 담고 있기 때문이지요. 따라서 각 나라들은 돈의 디자인에 점점 더 많은 신경을 쓰고 있어요. 크기와 모양이 작고 세련되게 바뀌어 가고 있지요. 또 돈을 예술가의 창작품으로 보고 도안한 사람의 서명을 넣는 등 다양한 시도가 이루어지고 있어요.

자, 그럼 어떤 돈들이 있는지 한번 살펴볼까요?

해바라기 도안을 넣은 네덜란드 화폐

거북이 도안을 넣은 모로코 화폐

물고기 도안을 넣은 케이먼 섬 화폐

코뿔소 도안을 넣은 탄자니아 화폐

자연물을 그린 화폐

세계의 나라들 가운데에는 자연에서 만나는 동물과 식물을 돈에 그려 넣는 나라도 있어요. 요즘 환경 보호에 대한 관심이 높아지면서 나방, 개구리, 뱀, 코끼리, 해바라기 등 자연물을 그려 넣는 나라도 점점 늘고 있어요. 각각 나라를 대표하는 동물이나 식물의 그림을 그려 넣지요.

여기서 잠깐!

화폐에 들어가는 인물에 대해 알아보아요
다음 인물 중 가장 많은 화폐에 들어간 인물을 고르세요.

① 세종 대왕　　② 엘리자베스 2세 여왕
③ 링컨 대통령　　④ 마리 퀴리

정답은 56쪽에

나폴레옹의 초상을 넣은 프랑스 화폐

마리 퀴리의 초상을 넣은 헝가리 화폐

역사를 빛낸 인물을 그린 화폐

돈에는 인물의 초상을 그려 넣는 경우가 가장 많아요. 그 이유는 인물이 그 나라를 대표하는 상징성이 크고, 도안이 조금만 바뀌어도 사람들이 쉽게 알아볼 수 있기 때문이지요. 처음 돈에 그려진 인물은 대부분 왕이나 대통령이었어요. 그러다가 점차 예술가, 과학자 등으로 다양하게 바뀌어 갔지요. 대부분의 나라에서는 돈의 액수에 따라서 다른 인물을 인쇄하지요. 하지만 같은 인물을 모든 은행권에 사용하는 나라도 있어요.

초상
사진이나 그림에 나타낸 사람의 얼굴이나 모습을 말해요.

새로운 재료를 이용한 화폐

이렇게 돈의 디자인이 다양해지고 있는 한편, 돈을 만드는 재료 역시 다양해지고 있어요. 보통 솜을 사용하고 있는 경우와 달리 오스트레일리아, 네덜란드, 인도네시아 등의 나라에서는 최근에 폴리머 즉, 플라스틱으로 화폐를 만들고 있어요. 화폐의 수명을 늘리고 위조를 방지하는 첨단 장치를 포함시키기 쉽기 때문이지요. 그러나 한 번 접히면 다시 펴기가 힘들어 조심해야 해요. 이렇듯 여러 가지 노력을 기울이고 있답니다.

폴리머를 사용한 루마니아 화폐

폴리머를 사용한 호주 화폐

가장 많은 화폐에 등장하는 인물은?

1952년, 엘리자베스 2세가 왕이 되었을 때에 영국의 식민지는 50개가 넘었어요. 지금은 독립을 해서 영국연방을 이루고 있지요. 영국연방은 영국을 중심으로 캐나다, 오스트레일리아, 뉴질랜드 등 옛날 영국의 식민지*였던 나라들로 구성된 국제기구예요. 그 중에 오스트레일리아, 캐나다, 뉴질랜드 등 10여 개국은 영국연방을 상징하는 뜻으로 돈에 엘리자베스 2세 여왕 얼굴을 넣어 발행해요. 엘리자베스 2세는 세계 역사상 가장 많은 화폐에 등장하는 인물이 되었지요.

뉴질랜드 화폐

캐나다 화폐

케이먼 섬 화폐

*식민지: 정치·경제적으로 다른 나라에 예속되어 국가로서의 주권을 상실한 나라를 말해요.

우리나라 돈에 새긴 문화유산

우리 돈에는 우리나라의 자랑스러운 문화유산이 그려져 있어요. 우리 돈에 새긴 문화유산 이야기를 들어볼까요?

만 원권

앞면에는 세종 대왕 초상의 배경으로 〈일월오봉도〉, 용비어천가의 한 부분이 쓰였어요. 해와 달, 다섯 개의 산봉우리가 그려진 〈일월오봉도〉는 조선 시대 임금의 상징물로, 우리나라만의 독창적인 그림이에요. 용비어천가는 한글로 창작된 첫 작품이지요.

뒷면에는 우리의 과학 기술을 주제로 하여 혼천의, 천상열차분야지도, 광학천체망원경이 그려졌어요. 혼천의는 조선 헌종 10년(1669)에 송이영이 제작한 혼천시계의 일부분이에요. 시간과 날짜, 계절을 보여 주는 다목적 시계로, 국보제 230호로 지정되어 있지요. 천상열차분야지도는 조선 태조 4년(1395)에 제작된 별자리 그림으로 우리 조상들의 독창적인 우주관을 잘 보여 주는 과학 문화재예요. 국보 제228호로 지정되었지요. 광학천체망원경은 현재 우리나라에서 렌즈의 지름이 가장 큰 망원경으로, 영천시에 있는 보현산 천문대에 설치되어 있답니다.

만 원권
혼천의가 그려져 있는 만원권 지폐예요.

오천 원권

앞면에는 율곡 이이의 초상이 그려져 있어요. 그 옆에는 오죽헌이 있답니다. 오죽헌은 조선 중기의 학자 율곡 선생이 태어난 곳이에요. 우리나라에서 가장 오래된 주택 건물의 하나로 보물 제165호로 지정돼 있답니다. 집 뒤뜰에 까마귀처럼 검은 대나무가 많아 오죽헌이라는 이름이 붙었다고 해요.

뒷면에는 율곡의 어머니인 신사임당이 그린 〈초충도〉가 있어요. 〈초충도〉는 풀과 벌레를 묘사한 그림이에요. 풀과 벌레는 조선 시대 화가들이 즐겨 그렸답니다.

오천 원권
초충도가 그려져 있는 오천 원권 지폐예요.

천 원권
계상정거도가 그려져 있는 천 원권 지폐예요.

천 원권

앞면에는 퇴계 이황 초상이 그려져 있어요. 명륜당은 퇴계 이황이 수차례 대사성을 지냈던 성균관 안에 위치한 건물로, 생원·진사 시험에 합격한 유생을 교육시키던 곳이에요. 보물 제141호로 지정되어 있지요. 명륜당 지붕 위로 그려진 매화는 4군자의 하나로 퇴계 선생이 생전에 가장 아꼈던 나무랍니다. 뒷면에는 퇴계 이황이 도산서원을 중심으로 주변 산수를 담은 겸재 정선의 대표작 〈계상정거도〉가 실려 있어요. 이 그림은 보물 제585호로 지정되어 있어요.

오죽헌
이율곡이 태어난 집으로, 강원도 강릉시 죽헌동에 있어요.

도산서원
조선 선조 7년(1574)에 퇴계 이황의 학덕을 기리기 위하여 문인과 유림이 중심이 되어 세운 서원으로, 경상북도 안동시 도산면 토계리에 있어요.

여기서 잠깐!

만 원권에 그려진 그림은?
다음 중 만 원권에 그려진 그림을 모두 찾아 ○표 하세요.

오죽헌   일월오봉도   초충도
혼천의   도산서원   계상정거도

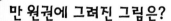

정답은 56쪽에

돈을 벽지로 썼던 독일

　제1차 세계 대전에서 패배한 독일은 연합국들에게 전쟁 배상금을 물어 주어야 했어요. 그러나 전쟁에서 지고 난 뒤 경제 사정이 매우 안 좋았기 때문에 배상금을 마련할 길이 없었지요. 독일은 어쩔 수 없이 돈을 마구 발행하였어요.

　그리하여 돈이 넘쳐난 독일에서는 모든 사람들이 많은 돈을 가지게 되었어요. 필요한 물건 수는 정해져 있는데, 물건을 차지하려는 사람들의 경쟁은 치열해지는 바람에 돈의 값어치가 떨어지고 물건 값이 치솟았지요. 이와 같이 돈이 많아져서 물건 값이 계속 올라가는 현상을 인플레이션이라고 한답니다.

　당시 독일에서는 '100만 마르크' 짜리 돈이 발행되었어요. 이 돈은 세계 역사상 가장 높은 금액의 화폐였지요. 하지만 독일에서는 이 돈으로 성냥 한 갑을 살 수 있었다고 해요. 돈의 가치가 형편없었기 때문에 사람들은 시장에 물건을 사러 갈 때 돈을 손수레에 싣고 다녀야 했지요. 또한 물건 값이 끝도 없이 치솟아 벽지도 살 수 없던 독일 사람들은 벽지 대신 돈을 벽에 붙였다고 해요. 심지어 식당에서 밥을 먹는 도중에도 음식 가격이 올랐기 때문에 손님들이 음식을 허겁지겁 먹는 일이 벌어지기까지 하였지요. 이처럼 가치를 인정받지 못한 돈은 종잇조각과 다를 게 없었지요.

돈으로 탑쌓기 놀이를 하고 있는 독일의 어린이들
돈의 가치가 떨어지면 돈이 많아도 물건을 많이 살 수가 없어요. 돈의 가치를 잘 조절하는 것이 중요해요.

인플레이션이 발생하면 어떻게 될까?

사람들의 생활이 어려워지고, 일하는 사람들은 회사에 월급을 올려 달라고 요구할 거예요. 회사가 요구를 받아들여 월급을 올려주면 생산비용이 늘어나게 되어 회사가 생산하고 있는 물건의 가격 또한 올라가지요. 그러면 또 다시 돈의 가치가 떨어지고 사람들의 생활이 어려워질 거예요.

이것뿐만이 아니에요. 우리나라 물건 값이 올라가면 외국인들은 비싼 우리나라 물건을 사지 않으려고 하겠지요. 그 대신 다른 나라의 싼 물건을 사려고 할 거예요. 그러면 우리나라의 수출은 감소하게 되지요.

이렇게 인플레이션은 경제에 좋지 않은 영향을 주지요. 그래서 한국은행은 한 해에 꼭 필요한 만큼의 돈을 발행해 시중에서 쓰이는 돈의 양, 즉 통화량을 조절하는 거랍니다!

인플레이션의 유래

인플레이션이라는 말은 원래 '키운다, 부풀린다, 팽창시킨다.'라는 뜻을 가지고 있어요. 이 말은 남아메리카의 소 장수 때문에 생겼다고 해요. 어느 소 장수가 소에게 소금을 먹이고 물을 먹인 뒤 소를 팔았어요. 소금을 먹은 소는 물을 많이 마시게 되어 무게를 달았을 때 실제 무게보다 많이 나갔지요. 소의 무게를 실제보다 더 부풀린다는 뜻인 인플레이션에서 힌트를 얻은 말이에요. 경제학자들은 시중에 유통되는 화폐의 양이 많아져서 화폐 가치가 떨어지고 물가가 계속적으로 올라가는 상태를 인플레이션이라고 표현하게 된 거예요.

수출할 물건들을 실어 나르고 있어요. 인플레이션이 발생하지 않아야 수출이 잘 이루어진답니다.

35

우리 생활 속의 돈

앞에서 우리는 돈의 역사에서 시작해
돈이 어떻게 만들어지는지 돌아보았어요.
이제는 돈의 쓰임에 대해서 알아볼 거예요.
돈은 우리의 생활과 떼려야 뗄 수 없는 관계이지요.
아이스크림 하나를 사먹는 일도 경제 활동을 하는 것이랍니다.
돈을 버는 일과 쓰는 일 모두 중요한 경제 활동이지요.
열심히 일해서 돈을 버는 것만큼
계획해서 적절하게 돈을 쓰는 일도 중요해요.
그럼, 이제부터 돈은 어떻게 벌고 써야 하는지,
또 우리가 용돈을 벌 수 있는 방법과
올바른 용돈 관리법에 대해서도 함께 알아보고 실천해 보아요.
자, 그럼 준비됐나요?

돈과 일은 한 가족이에요

생계
살림을 살아갈 방도나 형편을 말해요.

임금
일을 하고 받는 돈을 말해요.

어른들은 대부분 가족들의 생계를 위해 일을 하고 있어요. 우리가 학교에서 공부를 하는 것도 책을 사서 보는 것도 다 땀 흘려 번 돈 덕분이지요.

이렇게 우리는 생활하는 데 필요한 돈을 벌려고 일을 해요. 그렇지만 일하는 사람들이 모두 같은 수준의 돈, 즉 **임금**을 받는 것은 아니에요. 그 일을 해내려면 어느 정도의 노력이 필요한지, 얼마나 어려운 일인지, 그 일을 할 수 있는 사람이 얼마나 많은지에 따라 임금이 달라져요. 또, 같은 일을 하더라도 즐겁고 성실하게 일해서 좋은 결과를 가져오는 사람이 더 큰 보상을 받는답니다.

일을 해야 돈을 벌 수 있지만, 꼭 돈만 보고 일을 할 수는 없어요. 일은 돈의 가치도 따져 봐야 하겠지만 무엇보다 자신이 잘 할 수 있고 좋아하는 일을 택해야 해요. 또한 사회적으로 가치 있는 일을 택하는 것도 중요해요. 그래야 보람도 함께 느낄 수 있어요. 돈은 일에 대한 대가이지만 일을 하는 이유는 우리 사회를 더욱 발전시키는 데 중요한 역할을 한답니다.

연봉제가 무엇일까요?

임금은 받는 기간에 따라 월급, 주급, 시급 등으로 나눌 수 있어요. 요즘은 '연봉제'로 임금을 정하는 경우가 많아지고 있지요. 연봉제란 회사에서 매년 직장인들 각자의 평가를 내려 연봉을 정하는 것을 말해요. 연봉은 일 년 동안에 받는 봉급의 총액을 말하지요. 그 사람의 능력을 평가해 연봉을 정하고, 이것을 열두 달로 나눠 월급을 주는 거예요. 연봉제는 경력이 많지 않은 사람이라도 능력이 뛰어나다면 임금을 높게 받을 수 있는 능력 중심의 임금 제도예요.

땀 흘린 만큼 보람이 있겠지!

즐겁게, 열심히 일하자!

용돈을 벌어요

우리는 방금 돈을 벌려면 일을 해야 한다는 사실을 알았어요. 여러분이 만약 일을 해서 돈을 번다면 어떤 일을 하고 싶은지 생각해 보세요. 일을 선택할 때는 사회에 도움이 되는 일, 내가 잘 할 수 있는 일, 좋아하는 일, 남들이 생각하지 못한 **창의성**을 발휘한 일을 찾아보는 것이 좋아요.

창의성
새로운 것을 생각해 내는 특성을 말해요.

✳ 내가 할 수 있는 일은 무엇일까요? ✳

여러분도 집에서 할 일을 찾아 보세요. 내가 할 수 있는 일을 스스로 해내면 뿌듯함과 보람을 느낄 수 있을 거예요.

구두 닦기
엄마 아빠를 위해 구두를 닦아 드려요. 구둣솔이나 수건으로 구두에 묻은 흙과 먼지를 털어내고 쓱싹쓱싹 광이 날 때까지 닦지요.

각종 집안일하기
설거지, 간단한 빨래, 잔심부름부터 엄마 아빠 머리에 난 흰머리 뽑기, 어깨 주무르기 등 집에서 할 수 있는 다른 일을 찾아보세요.

애완견 돌보기
동물을 사랑하는 친구라면, 동네 강아지들을 산책시키는 일을 할 수 있을 거예요. 산책하러 나가기 전에 미리 작은 삽과 봉지를 챙기는 것도 잊지 마세요.

쓰레기 분리수거
집 안에서 쓰레기 분리수거가 잘 되어 있는지 살펴봐요. 병은 병끼리, 종이는 종이끼리, 쓰레기는 쓰레기끼리 모아요. 모아진 빈병은 슈퍼에 가서 팔아 돈을 벌 수도 있답니다.

계획적으로 돈을 써요

누구든 갖고 싶은 것을 다 살 수는 없지요. 그래서 우리는 매번 더 중요한 것을 선택하고 덜 중요한 것은 포기하는 결정을 내려요. 이런 경우 먼저 예산을 짜두고 계획에 맞추어 소비를 한다면 자신의 목표에 **도달**하는 합리적인 생활을 할 수 있답니다.

여러분이 자전거를 사고 싶다면 우선 돈이 얼마가 들어오고 나가는지를 파악해야 해요. 그런 다음 자전거를 사려면 얼마를 모아야 하는지를 생각하며 돈을 어떻게 쓸 것인지 예산을 세워야 하지요. 예산을 세운다는 말은 들어오는 돈이 얼마이고, 그 돈을 어떻게 쓸 것인지 계획을 세우는 것을 말해요. 이때 예산은 **수입**과 **지출**을 잘 맞추어 계획을 세워야 해요. 만약 들어오는 수입보다 나가는 지출이 많으면 예산을 다시 세워야 하지요. 이와 같이 예산을 짜는 일은 쓸데없는 낭비를 줄이고, 목표를 이룰 수 있게 도움을 주지요.

우리는 계획적인 소비 생활을 위해서 용돈 기입장의 사용을 생활화해야 해요. 용돈 기입장은 우리의 소비 생활을 비춰 주는 거울이라고 할 수 있어요. 용돈의 규모와 씀씀이를 반성하게 해 주는 중요한 역할을 하지요.

도달
목적한 곳이나 어떤 수준에 다다르는 것이에요.

수입
돈이나 물품을 얻거나 거두어들이는 일, 또는 물품을 말해요.

지출
어떤 목적을 위하여 돈을 쓰는 일을 말해요.

용돈 기입장은 날마다 꾸준히 기록하는 것이 중요해요.

여기서
잠깐!

예산이 뭐예요?
다음은 예산에 대한 설명이에요. 빈칸에 알맞은 말을 써 보세요.

예산을 세울 때는 수입과 지출을 잘 맞추어 계획을 세워야 해요. 만약 들어오는 (   )보다 나가는 (   )이 많으면 예산을 다시 세워야 한답니다.

☞ 정답은 56쪽에

40

❀ 용돈 기입장 쓰기 ❀

용돈 기입장은 매일 일기를 적는 마음으로, 지속적으로 채워야 하지요. 각자 보기 쉽도록 표를 사용해 만들어 보세요.

수입
수입이 생기면 바로 잔액에서 그 금액을 더해서 적고, 지출이 생기면 그 금액을 빼서 잔액 칸에 적어 두어요. 수입 항목에는 용돈, 아르바이트, 기타 수입을 각 항목별로 구분해 적어요.

지출
돈을 쓰면 저축, 소비, 기타 소비의 세 항목으로 나누어 적어요. 그리고 물건을 사고 받은 영수증을 잘 붙여 두면 쓴 돈을 확실하게 알 수 있어요.

용돈 기입장

날짜	내용	수입	지출	합계
3월 1일	지난달에 남은 용돈	2,000		2,000
	이번달 용돈	30,000		32,000
3월 5일	동화책 한권		5,000	27,000
3월 9일	친구 생일 선물		2,500	24,500
3월 13일	연필, 지우개		1,000	23,500
3월 17일	아이스크림		500	23,000
3월 21일	준비물		10,000	13,000
3월 25일	문제집 한권		5,000	8,000
3월 29일	은행에 저금		5,000	3,000

반성 연필과 지우개가 책상 서랍에 있는 걸 모르고 또 사느라 500원을 썼다. 학용품 정리를 잘 해서 필요없는 물건을 사지 않도록 해야겠다.

반성
일주일 동안 용돈을 쓰고 난 후에는 꼭 필요하지 않은 물건을 사지는 않았는지, 용돈이 부족했으면 왜 그랬는지 등에 대해 소감을 적고, 이렇게 평가한 결과를 다음 달의 용돈 관리에 참고해서 잘못된 습관은 고쳐 나가도록 노력해요.

돈을 빌려 주고 돈을 버는 은행

우리가 은행에 저축하면 은행은 우리가 맡긴 돈에다 추가로 돈을 더 주어요. 이때 더 주는 돈을 이자라고 해요. 왜 은행은 이자를 주는 것일까요?

우리가 은행에 돈을 저축하는 것은 은행에 돈을 빌려 주는 것과 같아요. 그리고 은행은 그 돈을 돈이 필요한 사람에게 빌려 주지요.

돈을 빌린 사람은 은행에 이자를 내야 해요. 은행은 그 이자를 돈을 맡긴 사람에게 돌려 주어요. 그런데 이자는 예금 이자보다 대출 이자가 높아요. 그곳에서 남은 돈은 은행이 버는 것이지요. 이렇게 은행은 돈을 보관하고 빌려 주는 곳이랍니다.

은행은 우리 때문에 돈을 벌지만 은행이 없다면 얼마나 불편할까요?

은행에 돈을 맡기면 우선 이자를 받을 수 있어서 좋아요. 그리고 안전하게 보관할 수 있지요. 또한 아무 때나 은행에 맡긴 돈을 찾을 수 있기 때문에 매우 편리해요. 요즘에는 은행 기기의 발달로 현금지급기를 이용하면 언제 어디서든 쉽게 돈을 찾을 수 있어요. 전화로 돈을 주고받을 수 있는 폰뱅킹이나 인터넷으로 거래

대출
돈이나 물건 따위를 빌려주는 거예요.

이자율 계산하기

은행은 이자를 얼마나 줄까요? 여러분이 얼마나 저축했는지 그리고 이자율이 얼마인지에 따라 달라져요. 이자율은 이자를 정하는 비율이에요. 다른 말로 금리라고 하지요. 그리고 우리가 저축한 금액의 합계는 원금이라고 해요. 그리고 원금에 이자율을 곱한 금액이 이자예요.

[원금 X 이자율 = 이자]

예를 들어 5%의 이자를 주는 저축계좌에서 100만 원을 저축하면

100만 원 X 0.05 = 5만 원

1년 뒤에 5만 원의 이자를 받게 되어서 저축액이 105만 원으로 늘어나게 된답니다.

은행에 가지 않고 통장 없이도 카드로 간편하게 돈을 찾을 수 있으니 참 편리한 세상이야.

거래
돈이나 물건을 주고받거나 사고파는 것을 말해요.

를 하는 인터넷 뱅킹을 이용하면 안방에서도 은행 일을 볼 수 있지요.

이제 은행이 하는 일을 잘 알았지요? 이렇게 돈은 은행을 가운데 두고 돌고 돈답니다.

여기서 잠깐!

이자의 종류

다음의 빈칸에 알맞은 말을 써 보세요.

> 은행에 돈을 맡길 때 받는 이자를 (   )이자, 돈을 빌릴 때 내는 이자를 (   ) 이자라고 해요.

☞ 정답은 56쪽에

예금의 종류를 알아보아요!

보통예금

돈을 맡겨두고 필요할 때마다 찾아 쓸 수 있어요. 언제든 돈을 찾을 수 있기 때문에 이자는 많이 주지 않아요.

정기적금

목돈을 만들고자 다달이 얼마씩 돈을 넣어 두는 예금이에요. 은행에 오랫동안 맡기니까 보통예금보다 이자를 많이 주지요.

다양한 통장들

정기예금

일정 기간 동안 은행에 돈을 한꺼번에 맡기는 예금이에요. 당장 돈 쓸 일이 없고 여윳돈이 있을 때 주로 이용해요. 은행에서는 한꺼번에 큰돈이 들어오고 또 오랫동안 돈을 맡겨 두니까 더 높은 이자를 주지요.

❀ 은행이 하는 일 ❀

은행은 사람들로부터 저축으로 돈을 받기도 하고, 대출로 돈을 빌려 주기도 해요. 사람들이 저축하면 이자를 주고, 대출을 받으면 이자를 받게 되죠. 그런데 항상 받는 대출 이자가 주는 예금 이자보다 많아요. 그 차이가 은행이 벌게 되는 돈이랍니다.

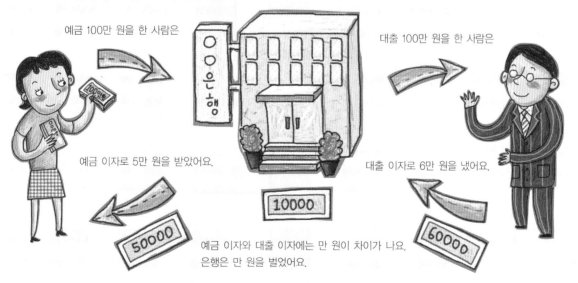

예금 100만 원을 한 사람은

대출 100만 원을 한 사람은

예금 이자로 5만 원을 받았어요.

대출 이자로 6만 원을 냈어요.

예금 이자와 대출 이자에는 만 원이 차이가 나요.
은행은 만 원을 벌었어요.

나라 살림을 하는 돈, 세금

🐷 **유지**
어떤 상태나 상황을 변함없이 계속해 나간다는 뜻이에요.

🐷 **살림**
국가나 가정의 재산을 관리하고 경영하는 일을 뜻해요.

🐷 **예산**
국가에서 한 해의 수입과 지출을 미리 셈하여 정한 계획이에요.

우리의 가정을 유지하는 데에는 많은 돈이 들어가요. 그와 마찬가지로 정부가 나라 살림을 이끄는 데에도 돈이 많이 들지요. 정부가 무슨 살림을 하냐고요?

주변을 둘러보세요. 정부에서 어떤 살림을 이끌고 있는지 알 수 있답니다. 우리가 공부하고 있는 학교는 대부분 정부에서 지은 거예요. 홍수를 막는 댐, 자동차가 달리는 차도, 주민들이 쉬어가는 공원과 문화시설을 즐기는 공연장, 어두운 밤길을 비추는 가로등까지도 모두 세금으로 만들어지지요. 또한 정부는 경찰, 소방, 군대를 두어 우리 국민들의 재산과 생명을 보호하고 있어요.

이와 같이 세금은 정부의 예산으로 우리 생활 곳곳에 쓰이고 있어요. 우리가 편하게 살 수 있도록 도와 주는 여러 가지 일들로 다시 돌아오는 것이지요. 그러므로 우리는 국민의 한 사람으로서 세금을 성실하게 내야만 해요.

❀ 정부가 하는 일 ❀

정부에서는 국민으로부터 세금을 받아요. 그 돈으로 나라와 국민에게 필요한 여러 가지 일들을 하지요.

국민의 세금
우리는 모두 세금을 내고 살아요.

정부
우리가 낸 세금은 정부가 관리하지요.

공공 시설
그 세금은 우리들이 필요한 곳에 쓰인답니다.

어떤 세금을 내는 걸까요?

우리는 일을 해서 번 소득의 일부를 소득세라는 세금으로 내요. 회사가 장사를 해서 이윤을 남기면 그 일부를 법인세라는 세금으로 내지요. 또, 땅이나 집을 가진 사람들은 **재산세**를 내야 한답니다. 이렇게 직접적으로 내는 세금을 직접세라고 해요.

이런 세금은 소득의 많고 적음에 따라 다르게 낸답니다. 돈을 많이 버는 사람은 많이, 적게 버는 사람은 적게 내지요. 그 이유는 국민 모두가 기본적인 생활을 유지할 수 있도록 하기 위해서랍니다.

반면, 우리가 모르는 사이에 경제 활동을 하면서 내는 세금도 있어요. 여러분이 과자나 음료수를 살 때 지불하는 가격에는 부가가치세라는 세금이 포함되어 있어요. 물건을 사고 받은 영수증을 잘 살펴보세요. '부가가치세'라고 쓰인 부분에 얼마의 세금을 냈는지 적혀 있을 거예요. 이 세금은 가게 주인이 대신 받아 모아 두었다가 나라에 내는 것이랍니다. 이 세금은 간접세라고 하지요.

세금을 낼 때 우리는 은행을 이용해요. 하지만 실제로 은행은 국가를 대신해서 세금을 받아주는 역할을 할 뿐이에요. 특별히 세금과 관련된 일은 '세무서'라는 곳에서 해요. 또, 세무서의 일을 지도하고 감독하는 일은 '국세청'에서 하지요. 우리가 낸 세금이 잘 쓰이고 있는지, 혹시 낭비되고 있지는 않은지 관심을 가지는 것도 경제를 배울 수 있는 하나의 방법이랍니다.

소득세
개인이 한 해 동안 벌어들인 돈에 대하여 액수별 기준에 따라 매기는 세금이에요.

법인세
국가에서 한 해의 수입과 지출을 미리 셈하여 정한 계획이에요.

재산세
지방세의 하나로, 일정한 재산에 대하여 부가하며 상속세, 재평가세 따위가 있어요.

세금이 쓰이는 곳은 정말 다양하구나.

한강을 가로질러 놓인 다리도 우리의 세금으로 만들었지요.

댐은 우리가 낸 세금으로 만들었어요.

경제는 우리 생활 속에 있어요

돈은 우리 생활에서 떼려야 뗄 수 없는 것이 되었어요.
돈을 좋은 친구로 만들려면 여러분이 돈을 잘 다루어야 해요.
그런 의미에서 계획해서 돈을 쓰고,
저축하는 습관은 아주 중요한 것이에요.

어떤 일이든지 잘 하려면 끊임없는 노력이 필요하듯
돈을 잘 쓰고 관리하는 데도 노력이 필요해요.
돈을 모으고 쓰는 데 확실한 목표를 세워 보아요.
목표를 위해 저축하는 습관을 들이고 용돈 기입장 쓰기를 생활화한다면
여러분도 지혜롭고 현명한 경제인이 될 수 있어요.

이곳에 가 보아요

우리나라에는 화폐를 전시해 놓은 박물관들이 많아요. 대부분 무료이니 누구나 쉽게 관람할 수 있어요. 우리가 몰랐던 화폐에 대해 공부할 수 있는 좋은 시간이 될 거예요.

❶ 화폐박물관

외부 전경

우리나라 최초의 화폐전문박물관인 화폐박물관은 한국조폐공사가 공익적인 목적으로 운영하고 있어요. 그래서 국민에게 무료로 개방하고 있답니다. 2층 건물에 4개의 전시실로 되어 있어요. 또한 12만여 점의 화폐 자료 중 4천여 점이 시대별, 종류별로 전시되어 있어서 천년의 우리나라 화폐의 역사를 한눈에 볼 수 있답니다.

제1전시실 주화역사관

제2전시실 지폐역사관

제3전시실 위조방지홍보관

제4전시실 특수제품관

화폐박물관에 가면 우리나라의
화폐를 한눈에 볼 수 있어요!

〈관람정보〉

위치 대전광역시 유성구 가정동 35번지

관람시간 화요일~일요일 오전 10시~오후 5시

휴관일 매주 월요일, 1월 1일, 설날연휴, 추석연휴, 임시공휴일

입장료 무료

주차 장애인 및 관람단체만 주차장 이용

문의 042)870-1200

홈페이지 http://museum.komsco.com/

전시장 20명 이상 단체는 1주일 전 예약(학생 단체 관람 시에는 인솔 교사가 반드시 동행)

교통 유성 방향에서 오려면 162번 시내버스를, 대전역에서는 185번 버스를 타고
과학기술원 동문에서 내려요.

엑스포 과학공원 방향에서는 180번과 513번 버스를 타고 엑스포 과학공원
서문에서 내려서 10분 정도 걸어야 해요.

자가용을 타고 오려면 대덕 연구단지 내 엑스포 과학공원과 국립중앙과학관
과학기술원 동문 쪽으로 오면 됩니다.

쉽고도 재밌게 화폐의
역사를 공부해 봐요.

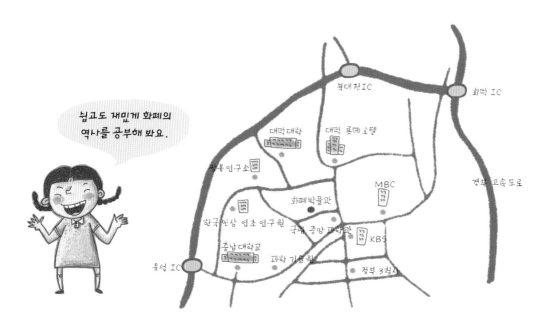

이곳에 가 보아요

❷ 한국금융사박물관

한국금융사박물관은 신한은행에서 설립한 국내 최초의 금융사 전문 박물관이에요. 1997년 설립 이후 국내 금융사와 화폐, 그리고 신한은행의 역사와 관련된 유물의 수집과 관리, 연구와 전시 활동을 지속해 오고 있지요. 2007년 4월 24일에는 낡은 전시실을 고치고 체험 공간을 넓혀 다시 문을 열었어요.

'한국금융사실'에서는 전통 시대의 금융, 근대기의 금융, 일제 강점기의 금융, 해방 이후의 금융을 소개하고 있어요. '신한은행사실'은 신한은행의 발자취를 보여 주는 사료와 현재와 미래를 볼 수 있는 홍보관이지요. '화폐전시실'은 국내 화폐의 변화상과 다양한 외국 화폐를 전시하고 있어요. 또한 전통 시대부터 현대까지의 주요 문서, 서적, 유가증권, 사진, 기물 등 4천여 점의 유물을 전시하고, 어린이를 위한 금융경제 체험 공간을 설치하였답니다.

외부 전경

〈관람정보〉

관람시간 10시~18시

휴관일 일요일 및 공휴일

입장료 무료

　　　(단체 관람 신청은 관람희망일 한달 전부

　　　터 5일 전까지 인터넷 단체 관람 예약)

문의전화 02)738-6806

홈페이지 http://www.shinhanmuseum.co.kr/

위치 서울 중구 태평로 1가 62-12번지 신한은행 광화문 지점 3~4층(광화문 사거리)

교통 지하철 : 2호선 시청역 3번 출구로 나와서 광화문 방향으로 걸어요.

　　　　　　5호선 광화문 6번 출구로 나오면 코리아나 호텔 옆에 있어요.

　　　버스 : 세종문화회관이나 광화문 사거리에서 내려요.

근대 금융사 전시실

일제 강점기 금융사 전시실

❸ 우리은행 은행사박물관

우리은행 은행사박물관은 2004년 7월에 문을 열었어요. 최초의 근대 은행으로 세워진 대한천일은행을 시작으로 하는 우리나라 은행 100여 년의 역사를 보여 주는 은행역사 박물관이지요. 대한제국 시기, 일제 강점기, 광복, 그리고 한국 전쟁, IMF 이후 현재까지 지난 100여 년 동안의 우리나라 은행의 모습을 볼 수 있어요.

은행역사관 전시장에는 우리나라 은행의 모습을 보여 주는 유물들과 모형, 글과 그림, 영상, 디지털 화면을 볼 수 있어요. 은행에 대한 친근감을 높이기 위해 세계 각국의 예쁜 저금통을 가득 채운 저금통 테마파크도 운영하고 있지요. 기획 전시실에는 5천762점의 명품 저금통을 전시하여 저금통에 담긴 소중한 경제 이야기를 체험하게 해 주어요.

〈관람정보〉
관람시간 10시~18시
휴관일 일요일, 법정 공휴일, 근로자의 날
　　　　(단체 관람의 경우 사전예약을 하면 월요일에도 관람 가능)
관람료 무료
문의전화 02)2002-5090~3
홈페이지 http://www.woorimuseum.com/
위치 서울 중구 회현동 1가 203번지 우리은행 본점 지하 1층
교통 지하철 : 4호선 회현역 1번 출구로 나와서 5분 정도 걸어요.
　　　버스 : 남대문 시장, 신세계 앞에서 내려요.

세계 여러 나라의 저금통이 많이 있어요!

박물관 앞 전시물

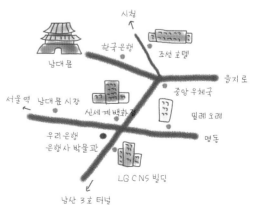

나는 화폐 박사, 금융 박사!

이제 돈에 대한 궁금증이 좀 풀렸나요? 아마 글을 읽으면서 돈의 역사나 돈의 쓰임 등에 대해서 잘 알게 되었을 거예요. 돈에 대해서라면 이제 자신 있다고요? 그렇다면 정말 얼마나 많이 알고 있는지 즐겁게 문제를 풀면서 알아볼까요?

① OX 퀴즈를 풀어 보세요.

아래 설명을 잘 읽고 맞는 것에는 O표, 틀린 것에는 X표로 표시하세요.

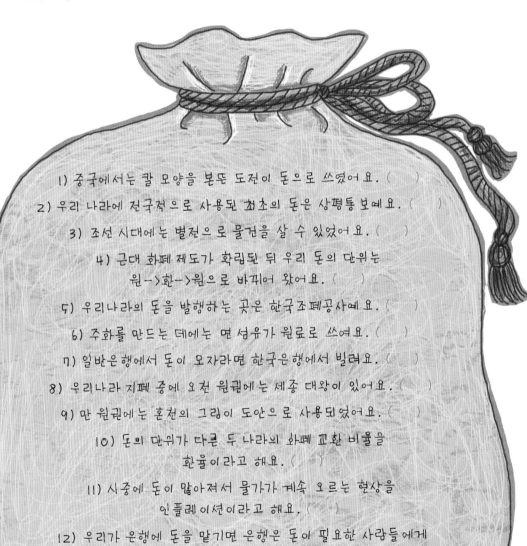

1) 중국에서는 칼 모양을 본뜬 도전이 돈으로 쓰였어요. (   )

2) 우리 나라에 전국적으로 사용된 최초의 돈은 상평통보예요. (   )

3) 조선 시대에는 별전으로 물건을 살 수 있었어요. (   )

4) 근대 화폐 제도가 확립된 뒤 우리 돈의 단위는
원→환→원으로 바뀌어 왔어요. (   )

5) 우리나라의 돈을 발행하는 곳은 한국조폐공사예요. (   )

6) 주화를 만드는 데에는 면 섬유가 원료로 쓰여요. (   )

7) 일반은행에서 돈이 모자라면 한국은행에서 빌려요. (   )

8) 우리나라 지폐 중에 오천 원권에는 세종 대왕이 있어요. (   )

9) 만 원권에는 혼천의 그림이 도안으로 사용되었어요. (   )

10) 돈의 단위가 다른 두 나라의 화폐 교환 비율을
환율이라고 해요. (   )

11) 시중에 돈이 많아져서 물가가 계속 오르는 현상을
인플레이션이라고 해요. (   )

12) 우리가 은행에 돈을 맡기면 은행은 돈이 필요한 사람들에게
대출해 주어요. (   )

13) 세금은 어른들만 내는 것이라 우리 어린이들과는 상관없는 것이에요.
(   )

② 어느 나라 돈인지 맞추어 보세요!

각 나라마다 사용하는 화폐의 단위를 기억해 보세요.

③ 용돈을 버는 방법에 대해 생각해 보세요.

용돈을 벌기 위해 내가 할 수 있는 일은 무엇인지 살펴보고 3가지를 적어서 실천해 보아요.

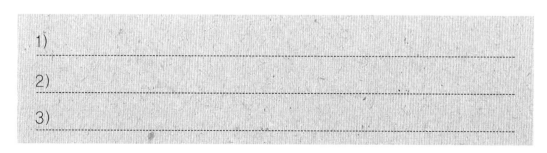

1)

2)

3)

☞ 정답은 56쪽에

현재 우리나라 지폐에는 우리나라를 빛낸 위인이나 문화유산이 그려져 있어요. 여러분이 만드는 지폐에는 어떤 도안을 넣을지 생각해 보고, 그려 넣어 보세요.

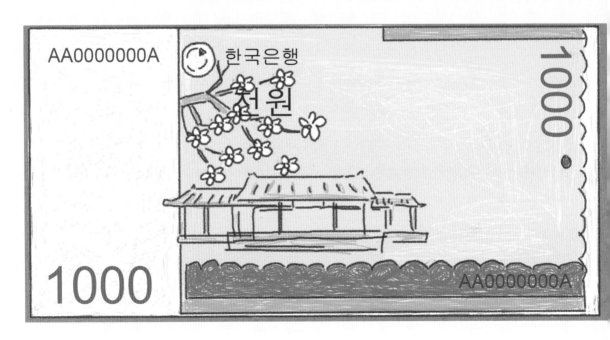

용돈 기입장 만들기

계획을 세워 용돈을 사용하는 첫걸음은 용돈 기입장을 쓰는 일이에요. 직접 용돈 기입장을 만들어서 쓴다면 더 좋겠지요? 아래 설명을 보고 용돈 기입장을 한번 만들어 보아요.

❶ 공책을 하나 준비해요. 크기나 모양은 상관없어요.

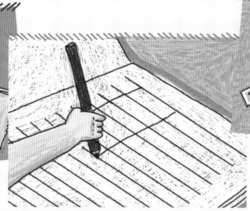

❷ 공책 오른쪽에 필요한 줄을 그어 칸을 만드세요.

❸ 공책 왼쪽은 비워 놓고, 영수증을 붙이는 공간으로 이용하세요.

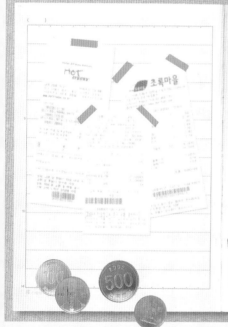

날짜	내 용	받은돈	쓴돈	남은돈
9/14	추석에 받은 돈	30000원		
9/17	공책		2000원	28000원
9/18	저축		20000원	8000원
9/23	아이스크림		1000원	7000원
9/25	집안일 돕기	1000원		8000원
9/27	떡볶이		1000원	7000원
	아이스크림		500원	6500원
9/29	준비물		1500원	5000원
반성	더워서 아이스크림을 너무 많이 사먹었다. 좀 줄여야겠다. 공책도 집에 있는 걸 모르고 또 샀다. 이제부터는 안 그래겠다.			

용돈 기입장을 활용하여 계획적으로 용돈을 쓰는 습관을 길러 보자!

용돈 기입장을 쓸 때는 이렇게!

용돈을 쓸 때는 꼭 필요한 지출인지 한 번 더 생각해요.
수입과 지출이 생기면 바로 기록하는 게 좋아요.
영수증을 꼭 챙겨서 붙여요.

여기서 잠깐!

7쪽 ② 유노

9쪽 바꾸려는 사람들 사이에 원하는 물건이 다를 때가 있고, 무거운 물건을 가지고 다녀야 해서 불편하다.

10쪽 물물교환

22쪽 ② 돈을 만드는 일

25쪽 ① 돌출 은화
      ③ 볼록 인쇄
      ④ 색 변환 잉크

27쪽 ③ 잘게 부수어 건물 바닥재나 방진재를 만든다.

29쪽 ② 중국

30쪽 ② 엘리자베스 2세 여왕

33쪽 일월오봉도, 혼천의

40쪽 수입, 지출

43쪽 예금, 대출

나는 화폐 박사, 금융 박사!

① OX 퀴즈를 풀어 보세요.

아래 설명을 잘 읽고 맞는 것에는 O표, 틀린 것에는 X표로 표시하세요.

1) 중국에서는 칼 모양을 본뜬 도전이 돈으로 쓰였어요. (O)

2) 우리나라에 전국적으로 사용된 최초의 돈은 상평통보예요. (O)

3) 조선 시대에는 별전으로 물건을 살 수 있었어요. (X)

4) 근대 화폐제도가 확립된 후 우리 돈의 단위는 원 → 환 → 원으로 바뀌어 왔어요. (O)

5) 우리나라의 돈을 발행하는 곳은 한국조폐공사예요. (X)

6) 주화를 만드는 데에는 면섬유가 원료로 쓰여요. (X)

7) 일반은행에서 돈이 모자라면 한국은행에서 빌려요. (O)

8) 우리나라 지폐 중에 오천 원권에는 세종 대왕이 있어요. (X)

9) 만 원권에는 혼천의 그림이 도안으로 사용되었어요. (O)

10) 돈의 단위가 다른 두 나라의 화폐 교환 비율을 환율이라고 해요. (O)

11) 시중에 돈이 많아져서 물가가 계속 오르는 현상을 인플레이션이라고 해요. (O)

12) 우리가 은행에 돈을 맡기면 은행은 돈이 필요한 사람들에게 대출해 주어요. (O)

13) 세금은 어른들만 내는 것이라 우리 어린이들과는 상관없는 것이에요. (X)

② 어느 나라 돈일지 맞추어 보세요!

각 나라마다 사용하는 화폐의 단위를 기억해 보세요.

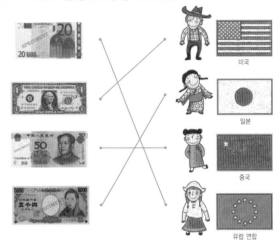

③ 용돈을 버는 방법에 대해 생각해 보세요.

용돈을 벌기 위해 내가 할 수 있는 일은 무엇인지 살펴보고 3가지를 적어서 실천해 보아요.

1) 신발을 정리한다.

2) 엄마 아빠의 흰머리를 뽑아드리거나 어깨를 주물러 드린다.

3) 내 방 청소를 스스로 한다.

사진

주니어김영사 23p(지폐의 원료, 제작) 45p(의암댐, 원효대교)

유철상 33p(오죽헌, 도산서원)

화폐박물관 11p(반냥) 12p(건원중보의 앞면과 뒷면, 해동통보) 13p(조선통보) 14p(일원 은화, 수화압인기) 19p(길어별전 2종, 투조별전, 서문길상 부채전, 동물문 별전, 실패형 별전) 48p(외부전경, 제1전시실, 제2전시실, 제3전시실, 제4전시실)

농업박물관 11p(조개 껍데기 화폐)

신한은행 한국금융사박물관 11p(볍씨 담긴 항아리, 포화, 포전) 12p(삼한통보, 삼한중보, 동국중보) 13p(엽전) 19p(관음상 별전, 어문 별전) 50p(외부전경, 금융사전시실, 일제 강점기 금융사 전시실)

우리은행 은행사박물관 51p(전경사진)

국립중앙박물관 11p(도전) 19p(상평통보 별전, 단선형 열쇠패)

국립민속박물관 13p(당백전) 15p(일본 제일은행권 일 원권, 구한국은행 십 원권, 백 환권, 오백 원권, 만 원권)

서울역사박물관 13p(상평통보)

화폐나라 24~25p(위변조 방지용 만 원권, 동전) 29p(유로화 지폐와 동전) 30~32p(네덜란드, 모로코, 케이먼 섬, 탄자니아, 프랑스, 헝가리, 뉴질랜드, 캐나다, 케이먼 섬, 루마니아, 호주 화폐) 32~33p(만 원권, 오천 원권, 천 원권)

포토스탁 35p(수출항) 36p(신용 카드) 46p(명동)

초등학교 교과서와 관련된 학년별 현장 체험학습 추천 장소

1학년 1학기 (21곳)	1학년 2학기 (18곳)	2학년 1학기 (21곳)	2학년 2학기 (25곳)	3학년 1학기 (31곳)	3학년 2학기 (37곳)
철도박물관	농촌 체험	소방서와 경찰서	소방서와 경찰서	경희대자연사박물관	IT월드(과천정보나라)
소방서와 경찰서	광릉	서울대공원 동물원	서울대공원 동물원	광릉수목원	강원도
시민안전체험관	홍릉 산림과학관	농촌 체험	강릉단오제	국립민속박물관	경희대자연사박물관
천마산	소방서와 경찰서	천마산	천마산	국립서울과학관	광릉수목원
서울대공원 동물원	월드컵공원	남산골 한옥마을	월드컵공원	국립중앙박물관	국립경주박물관
농촌 체험	시민안전체험관	한국민속촌	남산골 한옥마을	기상청	국립고궁박물관
코엑스 아쿠아리움	서울대공원 동물원	국립서울과학관	한국민속촌	서대문자연사박물관	국립국악박물관
선유도공원	우포늪	서울숲	농촌 체험	선유도공원	국립부여박물관
양재천	철새	갯벌	서울숲	시장 체험	국립서울과학관
한강	코엑스 아쿠아리움	양재천	양재천	신문박물관	남산
에버랜드	짚풀생활사박물관	동굴	선유도공원	경상북도	남산골 한옥마을
서울숲	국악박물관	고성 공룡박물관	불국사와 석굴암	양재천	롯데월드민속박물관
갯벌	천문대	코엑스 아쿠아리움	국립중앙박물관	경기도	국립민속박물관
고성 공룡박물관	자연생태박물관	옹기민속박물관	국립민속박물관	이화여대자연사박물관	삼성어린이박물관
서대문자연사박물관	세종문화회관	기상청	전쟁기념관	전쟁기념관	서대문자연사박물관
옹기민속박물관	예술의 전당	시장 체험	판소리	천마산	선유도공원
어린이 교통공원	어린이대공원	에버랜드	DMZ	한강	소방서와 경찰서
어린이 도서관	서울놀이마당	경복궁	시장 체험	화폐금융박물관	시민안전체험관
서울대공원		강릉단오제	광릉	호림박물관	경상북도
남산자연공원		몽촌역사관	홍릉 산림과학관	홍릉 산림과학관	월드컵공원
삼성어린이박물관		국립현대미술관	국립현충원	우포늪	육군사관학교
			국립4·19묘지	소나무 극장	해군사관학교
			지구촌민속박물관	예지원	공군사관학교
			우정박물관	자운서원	철도박물관
			한국통신박물관	서울타워	이화여대자연사박물관
				국립중앙과학관	제주도
				엑스포과학공원	천마산
				올림픽공원	천문대
				전라남도	태백석탄박물관
				경상남도	판소리박물관
				허준박물관	한국민속촌
					임진각
					오두산 통일전망대
					한국천문연구원
					종이미술박물관
					짚풀생활사박물관
					토탈야외미술관

학년 1학기 (34곳)	4학년 2학기 (56곳)	5학년 1학기 (35곳)	5학년 2학기 (51곳)	6학년 1학기 (36곳)	6학년 2학기 (39곳)
화도	IT월드(과천정보나라)	갯벌	IT월드(과천정보나라)	경기도박물관	IT월드(과천정보나라)
벌	강화도	광릉수목원	강원도	경복궁	KBS 방송국
희대자연사박물관	경기도박물관	국립민속박물관	경기도박물관	덕수궁과 정동	경기도박물관
릉수목원	경복궁 / 경상북도	국립중앙박물관	경복궁	경상북도	경복궁
립서울과학관	경주역사유적지구	기상청	덕수궁과 정동	고성 공룡박물관	경희대자연사박물관
상청	경희대자연사박물관	남산골 한옥마을	경상북도	국립민속박물관	광릉수목원
촌 체험	고창, 화순, 강화 고인돌유적	농업박물관	경희대자연사박물관	국립서울과학관	국립민속박물관
대문자연사박물관	전라북도	농촌 체험	고인쇄박물관	국립중앙박물관	국립중앙박물관
대문형무소역사관	고성공룡박물관	서울국립과학관	충청도	농업박물관	국회의사당
울역사박물관	충청도	서울대공원 동물원	광릉수목원	롯데월드민속박물관	기상청
방서와 경찰서	국립경주박물관	서울숲	국립공주박물관	몽촌토성과 풍납토성	남산
원화성	국립민속박물관	서울시청	국립경주박물관	민주화현장	남산골 한옥마을
장 체험	국립부여박물관	서울역사박물관	국립고궁박물관	백범기념관	대법원
상북도	국립서울과학관	시민안전체험관	국립민속박물관	서대문자연사박물관	대학로
재천	국립중앙박물관	경상북도	국립서울과학관	서대문형무소 역사관	민주화현장
기민속박물관	국립국악박물관 / 남산	양재천	국립중앙박물관	서울역사박물관	백범기념관
드컵공원	남산골 한옥마을	강원도	남산골 한옥마을	조선의 왕릉	아인스월드
도박물관	농업박물관 / 대법원	월드컵공원	농업박물관	성균관	서대문자연사박물관
화여대자연사박물관	대학로	유명산	롯데월드민속박물관	시민안전체험관	국립서울과학관
마산	롯데월드민속박물관	제주도	충청도	경상북도	서울숲
문대	몽촌토성과 풍납토성	짚풀생활사박물관	서대문자연사박물관	암사동 선사주거지	신문박물관
새	불국사와 석굴암	천마산	성균관	운현궁과 인사동	양재천
릉 산림과학관	서대문자연사박물관	한강	세종대왕기념관	전쟁기념관	월드컵공원
폐금융박물관	서울대공원 동물원	한국민속촌	수원화성	천문대	육군사관학교
유도공원	서울숲	호림박물관	시민안전체험관	철새	이화여대자연사박물관
립공원	서울역사박물관	홍릉 산림과학관	시장 체험 / 신문박물관	청계천	중남미박물관
골공원	조선의 왕릉	하회마을	경기도	짚풀생활사박물관	짚풀생활사박물관
로박물관	세종대왕기념관	대법원	강원도	태백석탄박물관	창덕궁
울시의회	수원화성	김치박물관	경상북도	해인사 고려대장경과 장경판전	천문대
거관리위원회	승정원 일기 / 양재천	난지하수처리사업소	옹기민속박물관	유니세프 한국위원회	우포늪
양댐	옹기민속박물관	농촌, 어촌, 산촌 마을	운현궁과 인사동	무령왕릉	판소리박물관
상하수처리사업소	월드컵공원	들꽃수목원	육군사관학교	현충사	한강
광구재활용센터	육군사관학교	정보나라	이화여대자연사박물관	덕포진교육박물관	홍릉 산림과학관
상하수처리사업소	철도박물관	드림랜드	전라북도	서울대학교 의학박물관	화폐금융박물관
	이화여대자연사박물관	국립극장	전쟁박물관	상수허브랜드	훈민정음
	조선왕조실록 / 종묘		창경궁 / 천마산		상수도연구소
	종묘제례		천문대		한국자원공사
	창경궁 / 창덕궁		태백석탄박물관		동대문소방서
	천문대 / 청계천		한강		중앙119구조대
	태백석탄박물관		한국민속촌		
	판소리 / 한강		해인사 고려대장경과 장경판전		
	한국민속촌		화폐금융박물관		
	해인사 고려대장경과 장경판전		중남미문화원		
	호림박물관		첨성대		
	화폐금융박물관		절두산순교유적지		
	훈민정음		천도교 중앙대교장		
	온양민속박물관		한국에너지기술연구원		
	아인스월드		한국자수박물관		
			초전섬유퀼트박물관		

숙제를 돕는 사진

상평통보

볍씨 항아리

포화

만 원권

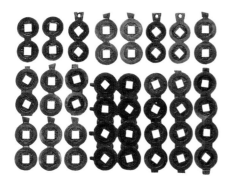

엽전

조개 껍데기 화폐

투조별전

단선형 열쇄패

서운길상 부채전

당백전

어음전